3 tres

¡Avancemos!

LECTURAS para TODOS

with TEST PREPARATION

Property of:
Eastern Christian High School
50 Oakwood Ave.
North Haledon, NJ 07508

HOLT McDOUGAL

a division of Houghton Mifflin Harcourt

D1073173

Acknowledgments

"Hermandad" and "Viento, agua, piedra" by Octavio Paz. © Octavio Paz, 1959. Reprinted by permission.

From *Como agua para chocolate* by Laura Esquivel. Copyright © 1989 by Laura Esquivel. Used by permission of Doubleday, a division of Random House, Inc.

From *En la Ocho y la Doce* by Roberto G. Fernández. Copyright © 2001 by Roberto G. Fernández. Reprinted by permission of Houghton Mifflin Company. All rights reserved.

From *Caramelo* by Sandra Cisneros. Copyright © by 2002 Sandra Cisneros. Translation copyright © 2002 by Lilana Valenzuela. Published by Vintage Español and originally in hardcover by Alfred A. Knopf, Inc., divisions of Random House. Reprinted by permission of Susan Bergholz Literary Services, New York. All rights reserved.

"La Mejor Edad" by Carlos Balaguer. © Carlos Balaguer. Reprinted by permission of the author.

From *El sueño de América* by Esmeralda Santiago. Copyright © 1996 por Esmeralda Santiago. Reprinted by permission of HarperCollins Publishers.

From *Cuando tía Lola vino de visita* a quedarse by Julia Álvarez. Copyright © 2001 by Julia Álvarez. Translation copyright © 2004 by Lilana Valenzuela. Published by Dell Yearling, an imprint of Random House Books for Children. Reprinted by permission of Susan Bergholz Literary Services, New York and Stuart Bernstein Representation for Artists, New York. All rights reserved.

Excerpts from "La ciudad de los mapas," from Desencuentros by Edmundo Paz Soldán. © 2004, Edmundo Paz Soldán. Reprinted by permission of Santillana USA Publishing Company, Inc.

Excerpt from *Manolito Gafotas* by Elvira Lindo. © 1994, Elvira Lindo. 1994, Santillana, S. A. Reprinted by permission of RDC Agencia Literaria, Madrid, Spain.

"Romance sonámbulo" by Federico García Lorca © Herederos de Federico García Lorca. From *Obras Completas* (Galaxia Gutenberg, 1996 edition). All rights reserved. For information regarding rights and permissions, please contact lorca@artslaw.co.uk or William Peter Kosmas, Esq., 8 Franklin Square, London W14 9UU.

Gabriel García Márquez, "La luz es como el agua" from the work *Doce Cuentos Peregrinos* by Gabriel García Márquez. © Gabriel García Márquez, 1981. Reprinted by permission of Agencia Literaria Carmen Balcells, S.A.

Excerpt from "El esqueleto de visita" by Evelio Rosero Diago. © Evelio Rosero Diago. Reprinted by permission of the author.

Additional **Acknowledgments, Illustration** and **Photography Credits** appear on pages 233–234.

Copyright © Holt McDougal, a division of Houghton Mifflin Harcourt Publishing Company. All Rights Reserved

Warning: No part of this work may be reproduced or transmitted in any form or by any means, electronic or mechanical, including photocopying and recording, or by any information storage or retrieval system without the prior written permission of Holt McDougal unless such copying is expressly permitted by federal copyright law. With the exception of not-for-profit transcription in Braille, Holt McDougal is not authorized to grant permission for further uses of copyrighted selections reprinted in this text without the permission of their owners. Permission must be obtained from the individual copyright owners as identified herein. Address inquiries to Permissions Department, Holt McDougal, 10801 N. MoPac Expressway, Building 3, Austin, Texas 78759.

ISBN-13: 978-0-618-76605-5
ISBN-10: 0-618-76605-7   3 4 5 6 7 8 9 10 - VEI - 12 11 10 09 08
Internet: www.holtmcdougal.com

Contents

Literatura adicional

Academic and Informational Reading

Test Preparation Strategies

Welcome to *Lecturas para todos*

Lecturas para todos is a hands-on reading text that lets you take notes, highlight, underline text, and organize your thoughts on paper, so that you can master each reading and make it your own. The unique features of *Lecturas para todos* will help you quickly become comfortable with reading in Spanish and sharpen your comprehension skills both in Spanish and English.

Reading Skills Improvement— in Spanish *and* English

You will read literary selections from your Spanish textbook, as well as other readings from great Spanish-language literature. Materials in English will help you practice understanding the types of texts you encounter in school, on tests, and in the real world. As you work with all the selections, you will find your reading skills in both languages improving!

At the end of the book, you will also study and practice strategies for taking standardized tests.

Lecturas and *Literatura adicional*

These literary readings from your textbook and other sources will give you a chance to improve your reading skills and Spanish vocabulary. You will also gain invaluable cultural insights and have the opportunity to experience great literature.

Before You Read

Before each reading, the *Para leer* page prepares you with features to help you anticipate the content of the reading.

Reading Strategy The strategy and graphic organizer allow you to decide how you will approach the material and to jot down your thoughts.

What You Need to Know This section tells you what to expect before you begin reading and gives you extra insights to help you get the most out of each selection.

Sobre el (la) autor(a) **and Additional Notes** A short biography of the author gives you a little extra background, while notes on a specific aspect of culture, language, or history featured in the reading will prepare you to read with greater understanding.

While You Read

Point-of-use features next to the selections help you get the most out of each reading and make it your own.

Reading Tip For each selection, you will find a handy, specific reading tip to help with difficult or specialized language.

A pensar... These critical-thinking questions will help you analyze content as you read.

Márcalo This hands-on feature invites you to mark up the text by underlining and circling words and phrases right on the page.

Gramática Highlighting key grammar concepts will help you reinforce and internalize them.

Vocabulario Marking new vocabulary words in the text lets you practice them and see how they are used in natural contexts.

Análisis This feature appears in the *Literatura adicional* section and encourages you to focus on one aspect of literary analysis as you read.

Reader's Success Strategy These notes give useful and fun tips and strategies for comprehending the selection.

Challenge These activities keep you challenged, even after you have grasped the basic concepts of the reading.

Vocabulary Support

Palabras clave Words that are important to understanding the readings appear in bold. The definitions appear at the bottom of each page.

After You Read

After you have read each selection, you will have the opportunity to practice key vocabulary, check your comprehension, and relate the reading to your own interests and experiences.

Vocabulario de la lectura A list of the *palabras clave* and their definitions is followed by two activities to help you practice these important words.

¿Comprendiste? Questions after each selection check your understanding of what you have read.

Conexión personal These short writing activities ask you to relate the selection to your life and experiences, making what you have read more meaningful to you.

Links to ¡Avancemos!

When using McDougal Littell's *¡Avancemos!,* you will find *Lecturas para todos* to be a perfect companion. *Lecturas para todos* lets you mark up the *Lectura cultural* selections as you read, helping you understand and remember more.

Read on to learn more!

Academic and Informational Reading

Here is a special collection of real-world examples—in English—to help you read every kind of informational material, from textbooks to technical directions. Why are these sections in English? Because the strategies you learn will help you on tests, in other classes, and in the world outside of school. You will find strategies for the following:

Analyzing Text Features This section will help you read many different types of magazine articles and textbooks. You will learn how titles, subtitles, lists, graphics, many different kinds of visuals, and other special features work in magazines and textbooks. After studying this section you will be ready to read even the most complex material.

Understanding Visuals Tables, charts, graphs, maps, and diagrams all require special reading skills. As you learn the common elements of various visual texts, you will learn to read these materials with accuracy and skill.

Recognizing Text Structures Informational texts can be organized in many different ways. In this section you will study the following structures and learn about special key words that will help you identify the organizational patterns:
• Main Idea and Supporting Details
• Problem and Solution
• Sequence
• Cause and Effect
• Comparison and Contrast
• Persuasion

Reading in the Content Areas You will learn special strategies for reading social studies, science, and mathematics texts.

Reading Beyond the Classroom In this section you will encounter applications, schedules, technical directions, product information, Web pages, and other readings. Learning to analyze these texts will help you in your everyday life and on some standardized tests.

Test Preparation Strategies

In this section, you will find strategies and practice to help you succeed on many different kinds of standardized tests. After closely studying a variety of test formats through annotated examples, you will have an opportunity to practice each format on your own. Additional support will help you think through your answers. You will find strategies for the following:

Successful Test Taking This section provides many suggestions for preparing for and taking tests. The information ranges from analyzing test questions to tips for answering multiple-choice and open-ended test questions.

Reading Tests: Long Selections You will learn how to analyze the structure of a lengthy reading and prepare to answer the comprehension questions that follow it.

Reading Tests: Short Selections These selections may be a few paragraphs of text, a poem, a chart or graph, or some other item. You will practice the special range of comprehension skills required for these pieces.

Functional Reading Tests These real-world texts present special challenges. You will learn about the various test formats that use applications, product labels, technical directions, Web pages, and more.

Revising-and-Editing Tests These materials test your understanding of English grammar and usage. You may encounter capitalization and punctuation questions. Sometimes the focus is on usage questions such as verb tenses or pronoun agreement issues. You will become familiar with these formats through the guided practice in this section.

Writing Tests Writing prompts and sample student essays will help you understand how to analyze a prompt and what elements make a successful written response. Scoring rubrics and a prompt for practice will prepare you for the writing tests you will take.

Lecturas

Point-of-use comprehension support helps you read selections from *¡Avancemos!* and develop critical-thinking skills.

Reading Strategy
Reading tips and strategies give you a game plan for approaching the material and making sense of what you read.

What You Need to Know
Additional information and background provide you with a key to unlock the selection so that you can better understand and enjoy it.

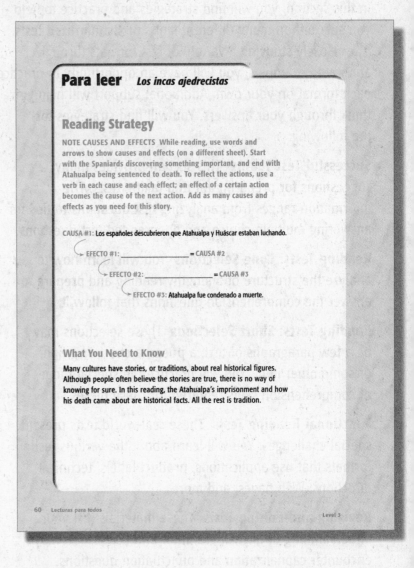

Para leer *Los incas ajedrecistas*

Reading Strategy

NOTE CAUSES AND EFFECTS While reading, use words and arrows to show causes and effects (on a different sheet). Start with the Spaniards discovering something important, and end with Atahualpa being sentenced to death. To reflect the actions, use a verb in each cause and each effect; an effect of a certain action becomes the cause of the next action. Add as many causes and effects as you need for this story.

CAUSA #1: Los españoles descubrieron que Atahualpa y Huáscar estaban luchando.

    EFECTO #1: _____ = CAUSA #2

      EFECTO #2: _____ = CAUSA #3

        EFECTO #3: Atahualpa fue condenado a muerte.

What You Need to Know

Many cultures have stories, or traditions, about real historical figures. Although people often believe the stories are true, there is no way of knowing for sure. In this reading, the Atahualpa's imprisonment and how his death came about are historical facts. All the rest is tradition.

60   Lecturas para todos

Level 3

Sobre el autor

Ricardo Palma (1833–1919) nació en Lima, Perú. Aunque estudió leyes, siempre se interesó por la literatura y las tradiciones de su país. Su libro *Tradiciones peruanas* describe momentos históricos y culturales de Perú, que fueron tomados de la tradición oral.

Sobre el imperio inca

Atahualpa y su hermano mayor Huáscar fueron los últimos emperadores del imperio inca. Atahualpa gobernó en el norte del imperio y Huáscar en la parte sur. Cuando llegaron los españoles, descubrieron que los dos emperadores estaban luchando por la división del imperio. Francisco Pizarro usó esa rivalidad y capturó a Atahualpa en la ciudad de Cajamarca.

Los incas ajedrecistas

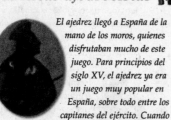

El ajedrez llegó a España de la mano de los moros, quienes disfrutaban mucho de este juego. Para principios del siglo XV, el ajedrez ya era un juego muy popular en España, sobre todo entre los capitanes del ejército. Cuando los conquistadores españoles llegaron al Nuevo Mundo, uno de los elementos culturales que incorporaron fue el ajedrez.

Se sabe, por tradición, que los capitanes Hernando de Soto, Juan de Rada, Francisco de Chaves, Blas de Atienza y el tesorero[1] Riquelme se congregaban todas las tardes,

[1] treasurer

READING TIP The **tradición** genre is different from a short story in that it is simply an anecdote. Little attention is given to character development or plot aside from presenting the facts related to the episode being told.

READER'S SUCCESS STRATEGY Jot down the main characters and the sequence of the main events as you read this anecdote about the Inca Atahualpa and his Spanish captors.

APUNTES

Sobre el autor

These notes provide you with a short biographical sketch of the author and some cultural or historical background to help you more fully appreciate the reading.

READING TIP

Help with difficult or specialized language lowers the barriers to comprehension.

READER'S SUCCESS STRATEGY

These strategies offer suggestions to help you read the selection successfully. Sometimes you will have a chart to fill in while you read; other times you will find ideas for mentally organizing the information you find.

Lecturas *continued*

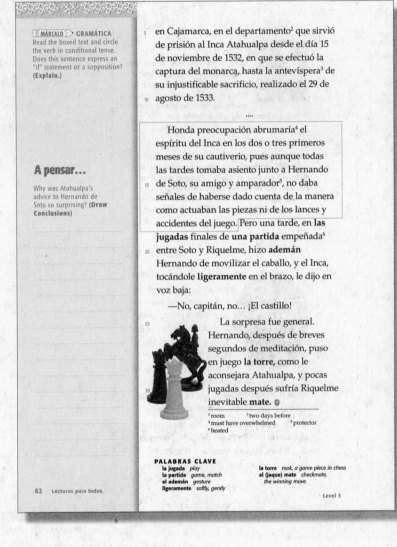

MÁRCALO ▷ GRAMÁTICA
This feature assists you with the new grammar as you read the selection. Underlining or circling the examples helps you internalize and remember the grammar point.

A pensar...
Point-of-use questions check your understanding and ask you to think critically about the passage.

PALABRAS CLAVE
Important vocabulary words appear in bold within the reading. Definitions are given at the bottom of the page.

MÁRCALO ▷ GRAMÁTICA
Read the boxed text and circle the verb in conditional tense. Does this sentence express an "if" statement or a supposition? **(Explain.)**

A pensar...
Why was Atahualpa's advice to Hernando de Soto so surprising? **(Draw Conclusions)**

5 en Cajamarca, en el departamento[2] que sirvió de prisión al Inca Atahualpa desde el día 15 de noviembre de 1532, en que se efectuó la captura del monarca, hasta la antevíspera[3] de su injustificable sacrificio, realizado el 29 de
10 agosto de 1533.

....

Honda preocupación abrumaría[4] el espíritu del Inca en los dos o tres primeros meses de su cautiverio, pues aunque todas las tardes tomaba asiento junto a Hernando
15 de Soto, su amigo y amparador[5], no daba señales de haberse dado cuenta de la manera como actuaban las piezas ni de los lances y accidentes del juego. Pero una tarde, en **las jugadas** finales de **una partida** empeñada[6]
20 entre Soto y Riquelme, hizo **ademán** Hernando de movilizar el caballo, y el Inca, tocándole **ligeramente** en el brazo, le dijo en voz baja:

—No, capitán, no... ¡El castillo!

25 La sorpresa fue general. Hernando, después de breves segundos de meditación, puso en juego **la torre,** como le aconsejara Atahualpa, y pocas
30 jugadas después sufría Riquelme inevitable **mate.** ❀

[2] room [3] two days before
[4] must have overwhelmed [5] protector
[6] heated

PALABRAS CLAVE
la jugada *play*
la partida *game, match*
el ademán *gesture*
ligeramente *softly, gently*

la torre *rook, a game piece in chess*
el (jaque) mate *checkmate, the winning move*

Atahualpa y Francisco Pizarro acuerdan la cantidad por el rescate del rey inca, *Theodore de Bry*

CHALLENGE According to popular belief, why did Riquelme vote for Atahualpa's execution? What might have happened if Riquelme had voted differently? **(Cause and Effect, Make Judgments)**

CHALLENGE

This feature asks you to expand upon what you have learned from the reading and think more deeply about the themes and ideas it contains.

Después de aquella tarde, y **cediéndole** siempre **las piezas** blancas en muestra de respetuosa cortesía, el capitán don Hernando
35 de Soto invitaba al Inca a jugar una sola partida, y **al cabo de** un par de meses el discípulo era ya digno del maestro. Jugaban de igual a igual.

....

La tradición popular asegura que el Inca
40 no habría sido **condenado** a muerte si hubiera permanecido[7] ignorante en el ajedrez. Dice el pueblo que Atahualpa pagó con la vida el mate que por su consejo sufriera[8] Riquelme en memorable tarde. En el famoso consejo[9] de
45 veinticuatro jueces, consejo convocado[10] por Pizarro, se impuso a Atahualpa la pena de muerte[11] por trece votos contra once. Riquelme fue uno de los trece que suscribieron[12] la sentencia.

---

[7] **hubiera...** had remained   [8] suffered   [9] council
[10] called   [11] **pena...** death penalty   [12] signed

PALABRAS CLAVE
ceder *to grant, to assign*   **al cabo de** *after*
la pieza *game piece*   **condenar** *to condemn*

Lecturas *continued*

Vocabulario de la lectura
Vocabulary practice follows each reading, reinforcing the *palabras clave* that appear throughout the selection. Words that appear in blue are lesson vocabulary words in *¡Avancemos!*

Vocabulario de la lectura

Palabras clave

al cabo de *after*		**la jugada** *play*	
el ademán *gesture*		**ligeramente** *softly, gently*	
condenar *to condemn*		**la partida** *game, match*	
ceder *to grant, to assign*		**la pieza** *game piece*	
el (jaque) mate *checkmate, winning move*		**la torre** *rook, a game piece in chess*	

A. Completa cada oración con una **palabra clave** apropiada.

1. El Inca Atahualpa observaba las _____ con atención y aprendió a jugar.

2. Durante una _____ el Inca hizo una recomendación a de Soto.

3. De Soto siguió el consejo del Inca y movió otra _____.

4. Poco después Riquelme votó para _____ al Inca.

5. La creencia popular es que el Inca pagó con su vida el _____ que sufrió Riquelme.

B. Contesta cada pregunta, usando una **palabra clave** en tu respuesta.

1. ¿Cómo supo el Inca que de Soto iba a mover una pieza que no debía?

   _____

2. ¿Qué pieza recomendó el Inca?

   _____

3. ¿Cómo le hizo el Inca su recomendación a de Soto?

   _____

4. Durante las lecciones de ajedrez que de Soto le dio al Inca, ¿qué piezas le cedía el capitán?

   _____

5. ¿Aprendió el Inca a jugar tan bien como su maestro en mucho o poco tiempo?

   _____

¿Comprendiste?

1. ¿Cómo llegó el ajedrez al Nuevo Mundo?

_____

2. ¿Qué hacían los capitanes españoles cada tarde? ¿Dónde lo hacían? ¿Quién más estaba presente?

_____

_____

3. ¿Cómo aprendió el Inca Atahualpa a jugar al ajedrez?

_____

4. ¿Cómo trató de Soto a Atahualpa después del mate contra Riquelme?

_____

5. Según la tradición popular, ¿qué conexión puede haber entre el ajedrez y la muerte de Atahualpa?

_____

_____

Conexión personal

Jot down what you consider the benefits of your favorite game. Then compare your favorite game with that of a partner. Try to persuade your partner of your point of view and convince him or her to try out your game.

Unidad 5, Lección 2
Los incas ajedrecistas   65

¿Comprendiste?
Comprehension questions check your understanding and provide the opportunity to practice new vocabulary words.

Conexión personal
These short writing activities will help you connect the information and events in the selections with your own life and interests.

Literatura adicional

Notes in the margins make literature from the Spanish-speaking world accessible and help you read works by famous authors such as Jorge Luis Borges.

Sobre el autor

Each literary selection begins with a short author biography that provides cultural context.

Reading Tip

These tips help you approach the selection and understand points where the language or structure is difficult.

⫼MÁRCALO⟩ ANÁLISIS

This feature encourages you to focus on one aspect of literary analysis as you read.

LITERATURA ADICIONAL

READING TIP "Borges y yo" is a self-analysis by the author. As you read, look for evidence of the author's character traits to know what type of person he is.

APUNTES

Sobre el autor

Jorge Luis Borges (1899–1986) nació en Buenos Aires, Argentina. En 1914 viajó a Europa con su familia y se instaló en Ginebra (Suiza) donde cursó el bachillerato para luego mudarse a España. Al regresar a Buenos Aires, fundó la revista *Proa*. En 1944 publicó *Ficciones*, un libro de cuentos por el cual obtuvo el Gran Premio de la Sociedad Argentina de Escritores. Más tarde fue nombrado director de la Biblioteca Nacional. Su amor por la literatura inglesa lo llevó a ser profesor de la Universidad de Buenos Aires. Su lenguaje literario fue cambiando hasta tratar temas de metafísica, dándole una creciente importancia a la psicología de sus personajes. Ha recibido numerosos premios literarios en todo el mundo, incluido el Premio Cervantes.

~~~~~~

Borges y yo

Al otro, a Borges, es a quien le ocurren las cosas. Yo camino por Buenos Aires y me demoro[1], acaso ya mecánicamente, para mirar el arco de un zaguán[2] y la puerta cancel[3]; de
5 Borges tengo noticias por el correo y veo su nombre en una **terna** de profesores o en un diccionario biográfico. Me gustan los relojes de arena, los mapas, la tipografía del siglo XVIII, las etimologías, el sabor del café y la
10 prosa de Stevenson[4]; el otro comparte esas preferencias, pero de un modo vanidoso que las convierte en atributos de un actor. Sería exagerado afirmar que nuestra relación es hostil; yo vivo, yo me dejo vivir, para que
15 Borges pueda **tramar** su literatura y esa literatura me justifica.

[1] I stop   [2] doorway
[3] **puerta...** inner door to keep out air drafts
[4] British writer from nineteenth century

PALABRAS CLAVE
la terna *list of three candidates*   **tramar** *to plan a difficult project*

⫼MÁRCALO⟩ ANÁLISIS
A **catalog** is a list of people, things, or attributes in a narration or poem. Read the boxed text and underline the catalog.

APUNTES

Arte poética

Mirar el río hecho de tiempo y agua
Y recordar que el tiempo es otro río,
Saber que nos perdemos como el río
Y que los rostros pasan como el agua.

5 Sentir que la **vigilia** es otro sueño
Que sueña no soñar y que la muerte
Que teme nuestra carne es esa muerte
De cada noche, que se llama sueño.

Ver en el día o en el año un símbolo
10 De los días del hombre y de sus años,
Convertir el ultraje[1] de los años
En una música, un rumor y un símbolo,

Ver en la muerte el sueño, en el **ocaso**
Un triste oro, tal es la poesía
15 Que es inmortal y pobre. La poesía
Vuelve como la **aurora** y el ocaso.

A veces en las tardes una cara
Nos mira desde el fondo de un espejo;
El arte debe ser como ese espejo
20 Que nos revela nuestra propia cara.

―――――
[1] outrage

PALABRAS CLAVE
la vigilia *sleeplessness*   **la aurora** *dawn*
el ocaso *sunset*

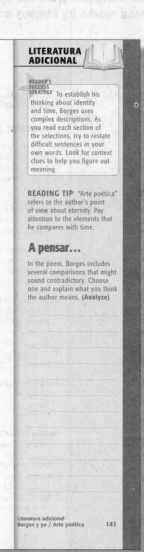

LITERATURA ADICIONAL

READER'S SUCCESS STRATEGY To establish his thinking about identity and time, Borges uses complex descriptions. As you read each section of the selections, try to restate difficult sentences in your own words. Look for context clues to help you figure out meaning.

READING TIP "Arte poética" refers to the author's point of view about eternity. Pay attention to the elements that he compares with time.

A pensar...

In the poem, Borges includes several comparisons that might sound contradictory. Choose one and explain what you think the author means. **(Analyze)**

READER'S SUCCESS STRATEGY

Notes like this one provide ideas to help you read the selection successfully. For example, some notes suggest that you fill in a chart while you read. Others suggest that you mark key words or ideas in the text.

A pensar...

Point-of-use questions check your understanding and ask you to think critically about the passage.

Academic and Informational Reading

Notes in the margins make literature from the Spanish-speaking world accessible and help you read works by famous authors such as Jacques Prévert.

VARIED TYPES OF READINGS

The wide variety of academic and informational selections helps you access different types of readings and develop specific techniques for those reading types.

Academic and Informational Reading

In this section you'll find strategies to help you read all kinds of informational materials. The examples here range from magazines you read for fun to textbooks to bus schedules. Applying these simple and effective techniques will help you be a successful reader of the many texts you encounter every day.

151

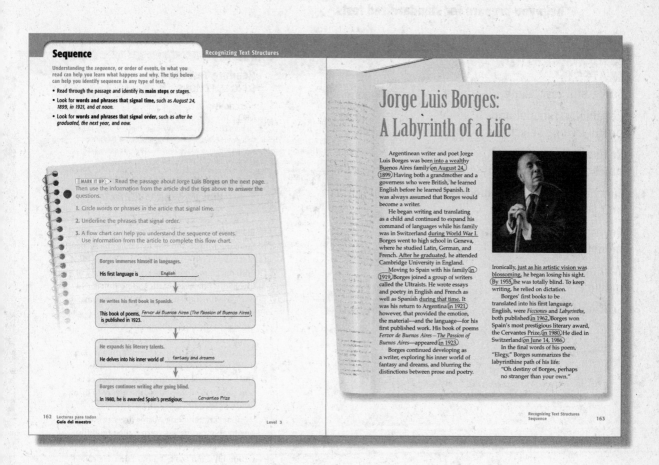

Sequence

Understanding the *sequence*, or order of events, in what you read can help you learn what happens and why. The tips below can help you identify sequence in any type of text.

- Read through the passage and identify its **main steps** or stages.
- Look for **words and phrases that signal time,** such as *August 24, 1899, in 1921,* and *at noon.*
- Look for **words and phrases that signal order,** such as *after he graduated, the next year,* and *now.*

MARK IT UP ▶ Read the passage about Jorge Luis Borges on the next page. Then use the information from the article and the tips above to answer the questions.

1. Circle words or phrases in the article that signal time.

2. Underline the phrases that signal order.

3. A flow chart can help you understand the sequence of events. Use information from the article to complete this flow chart.

> Borges immerses himself in languages.
>
> His first language is _____ English _____

↓

> He writes his first book in Spanish.
>
> This book of poems, *Fervor de Buenos Aires (The Passion of Buenos Aires)* is published in 1923.

↓

> He expands his literary talents.
>
> He delves into his inner world of _____ fantasy and dreams _____

↓

> Borges continues writing after going blind.
>
> In 1980, he is awarded Spain's prestigious _____ Cervantes Prize _____

162 Lecturas para todos
Guía del maestro

Level 3

Jorge Luis Borges: A Labyrinth of a Life

Argentinean writer and poet Jorge Luis Borges was born into a wealthy Buenos Aires family on August 24, 1899. Having both a grandmother and a governess who were British, he learned English before he learned Spanish. It was always assumed that Borges would become a writer.

He began writing and translating as a child and continued to expand his command of languages while his family was in Switzerland during World War I. Borges went to high school in Geneva, where he studied Latin, German, and French. After he graduated, he attended Cambridge University in England.

Moving to Spain with his family in 1919, Borges joined a group of writers called the Ultraists. He wrote essays and poetry in English and French as well as Spanish during that time. It was his return to Argentina in 1921, however, that provided the emotion, the material—and the language—for his first published work. His book of poems *Fervor de Buenos Aires—The Passion of Buenos Aires*—appeared in 1923.

Borges continued developing as a writer, exploring his inner world of fantasy and dreams, and blurring the distinctions between prose and poetry.

Ironically, just as his artistic vision was blossoming, he began losing his sight. By 1955, he was totally blind. To keep writing, he relied on dictation.

Borges' first books to be translated into his first language, English, were *Ficciones* and *Labyrinths,* both published in 1962. Borges won Spain's most prestigious literary award, the Cervantes Prize, in 1980. He died in Switzerland on June 14, 1986.

In the final words of his poem, "Elegy," Borges summarizes the labyrinthine path of his life:

"Oh destiny of Borges, perhaps no stranger than your own."

SKILL DEVELOPMENT

These activities offer graphic organizers, Mark It Up features, and other reading support to help you comprehend and think critically about the selection.

Test Preparation for All Learners

Lecturas para todos offers models, strategies, and practice to help you prepare for standardized tests.

TEST PREPARATION STRATEGIES

- Successful test taking
- Reading test model and practice—long selections
- Reading test model and practice—short selections
- Functional reading test model and practice
- Revising-and-editing test model and practice
- Writing test model and practice
- Scoring rubrics

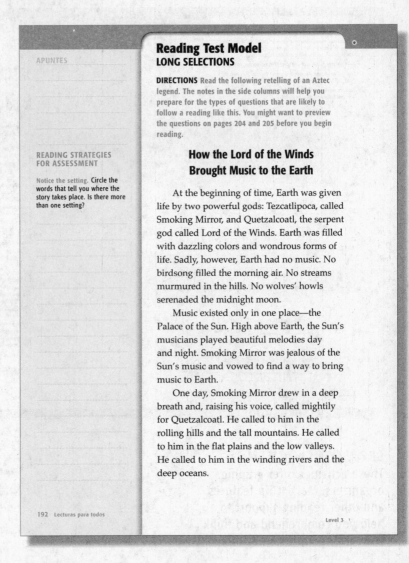

APUNTES

READING STRATEGIES FOR ASSESSMENT

Notice the setting. Circle the words that tell you where the story takes place. Is there more than one setting?

Reading Test Model
LONG SELECTIONS

DIRECTIONS Read the following retelling of an Aztec legend. The notes in the side columns will help you prepare for the types of questions that are likely to follow a reading like this. You might want to preview the questions on pages 204 and 205 before you begin reading.

How the Lord of the Winds Brought Music to the Earth

At the beginning of time, Earth was given life by two powerful gods: Tezcatlipoca, called Smoking Mirror, and Quetzalcoatl, the serpent god called Lord of the Winds. Earth was filled with dazzling colors and wondrous forms of life. Sadly, however, Earth had no music. No birdsong filled the morning air. No streams murmured in the hills. No wolves' howls serenaded the midnight moon.

Music existed only in one place—the Palace of the Sun. High above Earth, the Sun's musicians played beautiful melodies day and night. Smoking Mirror was jealous of the Sun's music and vowed to find a way to bring music to Earth.

One day, Smoking Mirror drew in a deep breath and, raising his voice, called mightily for Quetzalcoatl. He called to him in the rolling hills and the tall mountains. He called to him in the flat plains and the low valleys. He called to him in the winding rivers and the deep oceans.

192 Lecturas para todos

Level 3

Revising-and-Editing Test Model

DIRECTIONS Read the following paragraph carefully. Then answer the multiple-choice questions that follow. After answering the questions, read the material in the side columns to check your answer strategies.

¹The Maya was one of the importantest civilizations in Central America. ²As early as 1500 BC. the Maya lived in villages and they practiced agriculture and they used advanced agricultural techniques, such as irrigation. ³They made paper from the bark of wild fig trees and used this paper to make books filled with hieroglyphic writing. ⁴The Maya also worked gold copper and other metals. ⁵Long before the Spanish arrived, the Maya had calenders and advanced knowledge of astronomy.

1. Which of the following is the best way to revise the first half of sentence 1?

   A. The Maya were one of the importantest civilizations…

   B. The Maya was one of the most important civilizations…

   C. The maya was one of the most important civilizations…

   D. The Maya were one of the most important civilizations…

2. Which sentence in the paragraph is a run-on?

   A. sentence 2

   B. sentence 4

   C. sentence 1

   D. sentence 5

READING STRATEGIES FOR ASSESSMENT

Watch for common errors. Highlight or underline errors such as incorrect punctuation, spelling, or punctuation; fragments or run-on sentences; and missing or misplaced information.

ANSWER STRATEGIES

Verb agreement and comparisons. *Maya* is plural and requires a plural verb form. The superlative form of the modifier *important* is not formed by adding *-est*.

Run-on sentences. Two or more complete thoughts run together with no punctuation is a run-on sentence.

Writing Test Model

DIRECTIONS Many tests ask you to write an essay in response to a writing prompt. A writing prompt is a brief statement that describes a writing situation. Some writing prompts ask you to explain *what*, *why*, or *how*. Others ask you to convince someone about something.

As you analyze the following writing prompts, read and respond to the notes in the side columns. Then look at the response to each prompt. The notes in the side columns will help you understand why each response is considered strong.

Prompt A

Because the United States is home to many cultures, it is also home to many cuisines. Think about the ethnic foods you have tasted. Which cuisine do you enjoy the most?

Now write an essay that describes your favorite cuisine. Be specific about the foods you enjoy and list the reasons why.

Strong Response

Midweek at Lincoln Prep offers a special treat. Each Wednesday, the cafeteria features the cuisine of a different culture. I've enjoyed curries from India, satays from Thailand, and falafel from Israel. Pasta from Italy is always a popular choice, as is Japanese tempura and onion soup from France. I have to confess, however, that my favorite dishes can be found south of the Rio Grande in Mexico.

I've been eating Mexican food most of my life, but it wasn't until our family spent two weeks touring Mexico last summer that I discovered how rich and varied Mexican cuisine really is. My favorite

ANALYZING THE PROMPT

Identify the topic. Read the entire prompt carefully. Underline the topic of the essay you will write.

Understand what's expected of you. The second paragraph of the prompt explains what you must do and offers suggestions on how to create a successful response.

ANSWER STRATEGIES

Draw the reader in with an interesting opening paragraph. The writer includes a number of examples to introduce her topic—Mexican food.

Include personal experiences when appropriate. The writer uses a family vacation as the backdrop for discussing Mexican food.

Para leer *Hermandad / Viento, agua, piedra*

Reading Strategy

LOOK FOR COGNATES In the spider map below, write down four cognates that you find in the poems "Hermandad" or "Viento, agua, piedra." You may add branches for more cognates.

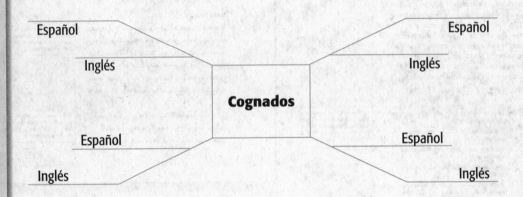

Español

Inglés

Español

Inglés

Cognados

Español

Inglés

Español

Inglés

What You Need to Know

Octavio Paz, like many Mexican poets and writers, reflects in his work the variety of climates, flora, and fauna of the Mexican geography. He often uses his relationship with nature to speak of his feelings and his opinions of what is important in life.

Sobre el autor

Octavio Paz (1914–1998) obtuvo gran fama con su libro *El laberinto de la soledad,* donde describe la psicología de los mexicanos. En 1990 recibió el premio Nobel de literatura. Al aceptar el premio comentó: «Los españoles encontraron en México no sólo una geografía sino una historia».

Sobre la naturaleza

Muchos poetas se inspiran en la naturaleza. México presenta una geografía muy variada: sierras, desierto, costas y bosques. Frecuentemente, los poetas y escritores mexicanos reflejan esta riqueza natural en sus obras, como hizo Octavio Paz en «Viento, agua, piedra».

Hermandad

Soy hombre: **duro** poco
y es enorme la noche.
Pero miro **hacia** arriba:
las estrellas escriben.
5   Sin entender comprendo:
también soy escritura
y en este mismo instante
alguien me **deletrea.**

Sin título,
Rodolfo Morales

PALABRAS CLAVE
durar   *to last*
hacia   *toward*   **deletrear**   *to spell*

A pensar...

On the lines below, say who you think the author is referring to in the phrase *y en ese mismo instante alguien me deletrea.* Explain your ideas. **(Infer)**

_____

_____

_____

_____

READING TIP The author uses colons in place of commas in three places in the poem. Think about what function the colons serve that a comma doesn't, and jot down your ideas.

_____

_____

_____

_____

_____

_____

What actions are associated with water, wind, and stone? To what could you compare water, wind, and stone? **(Compare and Contrast)**

_____

_____

_____

⫿⫿⫿ MÁRCALO ⧽ GRAMÁTICA
Circle the reflexive verbs in the boxed text.

CHALLENGE Read the last stanza of the poem. What do you think it describes? Do you agree with the author that the three elements are one and the same and none of the three? Why or why not? **(Analyze)**

_____

_____

_____

_____

_____

_____

READER'S SUCCESS STRATEGY As you read the poem, **visualize** the sequence of actions and changes described. You might want to draw each image next to the description.

Viento, agua, piedra

El agua **horada** la piedra,
el viento dispersa el agua,
la piedra **detiene** al viento.
Agua, viento, piedra.

5 El viento esculpe[1] la piedra,
la piedra es copa del agua,
el agua escapa y es viento.
Piedra, viento, agua.

El viento en sus **giros** canta,
10 el agua al andar murmura,
la piedra inmóvil **se calla**.
Viento, agua, piedra.

Uno es otro y es ninguno:
entre sus nombres **vacíos**
15 pasan y **se desvanecen**
agua, piedra, viento.

_____
[1] it carves

Genesis, The Gift of Life *(1954), Miguel Covarrubias*

PALABRAS CLAVE
horadar *to drill*
detener *to stop*
el giro *turn*

callarse *to stop talking*
vacío(a) *empty*
desvanecerse *to vanish*

Vocabulario de la lectura

Palabras clave

callarse *to stop talking*

deletrear *to spell*

desvanecerse *to vanish*

detener *to stop*

durar *to last*

el giro *turn*

hacia *toward*

horadar *to drill*

vacío(a) *empty*

A. Decide si las siguientes palabras son similares o no. Contesta **sí** o **no.**

1. deletrear / dibujar _____

2. horadar / perforar _____

3. copa / vaso _____

4. vacío / lleno _____

5. durar / desvanecerse _____

B. Completa cada oración con la forma apropiada de una de las **palabras clave.**

1. El hielo _____ con el calor y el sol.

2. Es difícil _____ palabras nuevas.

3. La vida de una mariposa es corta. No _____ mucho.

4. La cantimplora no tiene agua. Está _____.

5. Los pájaros hacen muchos _____, buscando un árbol para descansar.

¿Comprendiste?

1. En tu opinión, ¿qué significa el título «Hermandad»?

_____

_____

2. En el poema «Hermandad», ¿cómo cambia la actitud del narrador del principio al final?

_____

_____

3. En tu opinión, ¿por qué cambia el autor el orden de los elementos en el título y en la última línea de cada estrofa de «Viento, piedra, agua»?

_____

_____

4. En tu opinión, ¿qué describe la conclusión del poema «Viento, piedra, agua»? ¿Estás de acuerdo con el autor?

_____

5. ¿Qué puntos de contacto encuentras entre los dos poemas?

_____

Conexión personal

¿Con cuál de los dos poemas te identificas más? ¿En qué aspectos? A continuación, escribe un poema breve para describir tu relación con la naturaleza. ¿Cómo te sientes dentro de la naturaleza? ¿Con qué fenómenos o procesos naturales te identificas? ¿Qué sensaciones o emociones forman parte de tu relación con la naturaleza?

El poema con el que más me identifico es...

_____

_____

_____

_____

_____

_____

_____

_____

_____

Para leer   *Como agua para chocolate*

Reading Strategy

READ MORE EFFECTIVELY WITH A HONEYCOMB STORY MAP As you read, complete the honeycomb story map. Using your map for guidance, summarize the story and your reflections in a paragraph.

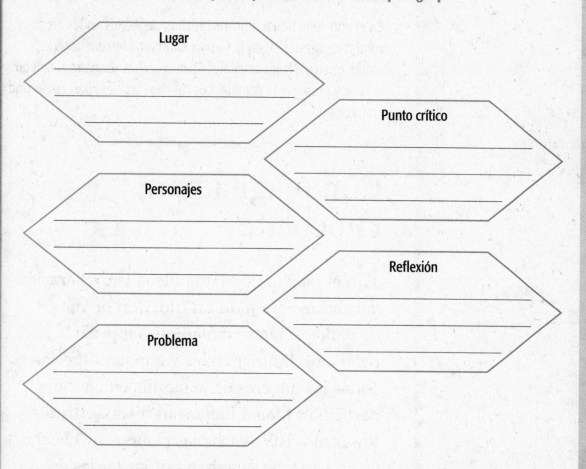

What You Need to Know

Mamá Elena is a widow with three daughters. According to family tradition, the youngest daughter remains single to care for her mother. In this scene, the youngest daughter, Tita, informs her mother that a young man, Pedro, has asked to call on the mother. Mamá Elena is furious that Pedro might be coming to ask for Tita's hand in marriage and blames Tita.

READER'S SUCCESS STRATEGY **The selection describes the yearly preparation of sausage on the ranch and tells what happened one day during one particular sausage-making episode. Jot down which elements of the selection describe the sausage-making season in general and which refer to the specific episode.**

Yearly:

_____

_____

_____

Specific Episode:

_____

_____

_____

_____

APUNTES

_____

_____

_____

_____

_____

_____

_____

Sobre la autora

Laura Esquivel (1951–) nació en México D.F. Empezó su carrera literaria como guionista *(scriptwriter)*. Obtuvo el reconocimiento mundial con su primera novela, *Como agua para chocolate,* que cuenta la historia de una familia mexicana de principios de 1900. También se filmó una película basada en la novela.

Sobre la vida familiar

En el año 1900 había muchos ranchos pequeños en las áreas rurales de México. Toda la familia compartía los quehaceres; tenían que cuidar los animales y las cosechas *(harvests)*, limpiar la casa y preparar la comida. Los ranchos funcionaban como una comunidad.

Como agua para chocolate

En el rancho de Mamá Elena la preparación del chorizo era todo un rito. Con un día de anticipación se tenían que empezar a pelar ajos, limpiar chiles y a moler especias.
5 Todas las mujeres de la familia tenían que participar: Mamá Elena, sus hijas Gertrudis, Rosaura y Tita, Nacha la cocinera y Chencha la sirvienta. Se sentaban por las tardes en la mesa del comedor y entre **pláticas** y **bromas**
10 el tiempo se iba volando hasta que empezaba a oscurecer. Entonces Mamá Elena decía:

—Por hoy ya terminamos con esto.

PALABRAS CLAVE
la plática *chat*   **la broma** *joke, teasing*

Escena de la película Como agua para chocolate, *de Alfonso Arau*

READING TIP This reading can be divided into four basic segments: background information, Tita's announcement, Mamá Elena and Tita's confrontation, and Tita's reaction. Jot down notes about the major elements of each segment to help you keep track of the narration.

Dicen que a buen entendedor pocas palabras[1], así que después de escuchar esta
15 frase todas sabían qué era lo que tenían que hacer. Primero recogían la mesa y después se repartían las labores: una metía a las **gallinas**, otra sacaba agua del pozo[2] y la dejaba lista para utilizarla en el desayuno y otra se
20 encargaba de la leña[3] para la estufa. Ese día ni se planchaba ni se bordaba ni se cosía ropa. Después todas se iban a sus recámaras[4] a leer, rezar[5] y dormir. Una de esas tardes, antes de que Mamá Elena dijera que ya se
25 podían levantar de la mesa, Tita, que entonces contaba con[6] quince años, le anunció con voz temblorosa que Pedro Muzquiz quería venir a hablar con ella…

---

[1] **a buen…** a popular refrain meaning "one who understands well needs few words" [2] well [3] firewood [4] bedrooms
[5] to pray [6] **contaba…** was

▥ **MÁRCALO** ⟩ **GRAMÁTICA**
Review the uses of preterit and imperfect. Then read the boxed text. Underline all the verbs in preterit and circle the verbs in imperfect. Jot down what context they describe.

PALABRAS CLAVE
   la gallina   *chicken*

_____

_____

_____

_____

_____

CHALLENGE Based on this selection, how do you think Tita's relationship with her mother will develop? Do you think Tita will rebel or will she accept her fate? What choices do you think she has? Jot down your ideas to share in class. **(Predict)**

_____

_____

_____

_____

_____

_____

_____

—¿Y de qué me tiene que venir a hablar ese señor?

Dijo Mamá Elena luego de un silencio interminable que encogió el alma de Tita.

Con voz apenas perceptible respondió:

—Yo no sé.

Mamá Elena le **lanzó** una mirada que para Tita encerraba[7] todos los años de represión que habían flotado sobre la familia y dijo:

—Pues más vale[8] que le informes que si es para pedir tu mano, no lo haga. Perdería su tiempo y me haría perder[9] el mío. Sabes muy bien que por ser la más chica de las mujeres a ti te corresponde cuidarme hasta el día de mi muerte.

Dicho esto, Mamá Elena se puso lentamente de pie, **guardó** sus lentes dentro del delantal[10] y a manera de orden final repitió:

---

[7] contained   [8] **más...** it's better
[9] **me...** would make me waste   [10] apron

PALABRAS CLAVE
lanzar *to throw*   **guardar** *to put away*

—¡Por hoy, hemos terminado con esto!

50 Tita sabía que dentro de las normas de comunicación de la casa no estaba incluido el diálogo, pero aun así, por primera vez en su vida intentó protestar a un **mandato** de su madre.

55 —Pero es que yo opino que...

—¡Tú no opinas nada y se acabó! Nunca, por generaciones, nadie en mi familia ha protestado ante esta costumbre y no va a ser una de mis hijas quien lo haga.

60 Tita bajó la cabeza y con la misma fuerza con que sus lágrimas cayeron sobre la mesa, así cayó sobre ella su destino. Y desde ese momento supieron ella y la mesa que no podían modificar ni tantito la dirección de 65 estas fuerzas desconocidas que las obligaban, a la una, a compartir con Tita su **sino,** recibiendo sus **amargas** lágrimas desde el momento en que nació, y a la otra a asumir esta absurda determinación.

PALABRAS CLAVE
el mandato command
el sino destiny
amargo(a) bitter

Vocabulario de la lectura

Palabras clave

la broma *joke, teasing*

la plática *chat*

la gallina *chicken*

lanzar *to throw*

guardar *to put away*

el sino *destiny*

amargo(a) *bitter*

mandato *command*

A. Completa cada oración con una **palabra clave** apropiada. Haz los cambios necesarios de tiempo y concordancia. Cada oración tiene una letra como pista *(hint)*.

1. A Tita y a sus hermanas les gustaba mucho hablar; tenían

largas ____ ____ ____ t ____ ____ ____ ____ .

2. Cada noche Tita y sus hermanas ____ ____ a ____ ____ ____ ____ ____ ____ sus cosas antes de dormir.

3. Mamá Elena le ____ ____ ____ ____ ó una mirada terrorífica.

4. Tita lloró unas lágrimas ____ m ____ ____ ____ ____ cuando su mamá se enojó.

5. Las mujeres de la casa se sentaban y hacían ____ ____ o ____ ____ ____ .

B. Empareja cada palabra con su definición.

_____ **1.** unos pájaros que dan huevos y son buenos para sopa

_____ **2.** el futuro de alguien

_____ **3.** la acción de tirar algo con mucha fuerza

_____ **4.** algo que una persona le ordena hacer a otra persona

_____ **5.** conversación

a. sino

b. mandato

c. plática

d. gallinas

e. lanzar

¿Comprendiste?

1. ¿Dónde vivían Tita y su familia?

_____

2. ¿Quiénes participaban en la preparación del chorizo?

_____

3. ¿Qué otras actividades eran parte de la vida diaria de las mujeres?

_____

_____

4. ¿Quién era Pedro Muzquiz?

_____

5. ¿Cómo era la relación entre Mamá Elena y sus hijas?

_____

Conexión personal

La selección describe la vida familiar de una madre y sus tres hijas. Escribe un párrafo para describir algo de tu familia y la relación entre sus miembros. ¿Cómo es tu familia? ¿Cuál es la relación entre los miembros de tu familia? ¿En qué colaboran? ¿Cuáles son las responsabilidades de cada uno? ¿Tiene tu familia algo en común con la familia de Tita? Explica.

En mi familia...

_____

_____

_____

_____

_____

_____

_____

_____

_____

_____

Para leer   *En la Ocho y la Doce*

Reading Strategy

PLAY THE CIRCLE GAME TO ENHANCE UNDERSTANDING In
the diagram below, take notes about the main theme and the
interrelated story parts: (a) people; (b) setting; (c) events, actions,
or changes; and (d) reasons for events, actions, or changes.

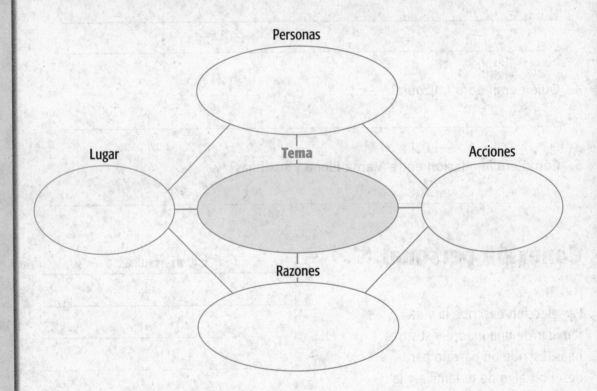

Personas

Lugar   Tema   Acciones

Razones

What You Need to Know

Many authors are known for capturing the unique rhythms and sounds of
spoken language in their writing. Fernández's feel for both Spanish and
English and his ability to convey confusions that arise from pronunciation
are the keys to understanding the humor of this story.

Sobre el autor

Roberto G. Fernández (1955–) nació en Cuba y a la edad de ocho años se trasladó *(he moved)* a Miami. Entre sus libros figuran *Holy Radishes* y *En la Ocho y la Doce,* donde presenta los conflictos culturales de los cubanoamericanos.

Sobre la migración

Entre los años 1959 y 1963, muchos cubanos emigraron a Estados Unidos. Hoy hay más de un millón de cubanoamericanos en Estados Unidos. Miami todavía tiene la mayor población, pero también hay grupos grandes en las ciudades de Nueva York, Los Ángeles y Chicago.

APUNTES

En la Ocho y la Doce

READER'S SUCCESS STRATEGY To help you follow the dialogue, write the name of the character speaking next to each dialogue indicator. Use context clues to help you identify each speaker: Barbarita, Ramiro, Tita, or San Guiven.

MÁRCALO **GRAMÁTICA**
Commands As you read the boxed text, circle the command forms. Identify each one as **tú** or **usted,** affirmative or negative.

—¡**O**ye, ábreme, es Barbarita!

—¿Qué está pasando?

—Perdone, Ramiro, ¿Tita se encuentra?

—Pase, pase, que sale en seguida. Está
5 en el baño. No tenga pena. Siéntese que se ve agitada.

—Pero mujer, ¿qué te ocurre que oía la gritería[1] desde el **traspatio**?

—Ay, Tita, he pasado el susto más
10 grande de toda mi vida, ni siquiera cuando a Many le explotó la cocinita de kerosén en los cayos[2] pasé más susto.

---

[1] shouting   [2] The Florida Keys

PALABRAS CLAVE
el traspatio *backyard*

READING TIP Underline each of Barbarita and Tita's pronunciations of an English word or phrase. Say each phrase out loud, following its phonetic pronunciation.

APUNTES

—Te voy a hacer una taza de tilo para que te calmes un poco. Estás muy pálida.

—No te molestes.

—Tú estate tranquila aquí sentada que yo vengo en menos de tres minutos. ¡El micronda nuevo que me compré es una maravilla! Ponte a **hojear** una revista mientras regreso que eso calma mucho los nervios.

....

—Ay, Tita, estaba yo repasando el comienzo de la constitución, ¿te dije que me voy a hacer *American citizen?*, y en ese momento cuando estaba diciendo en voz alta *We the people...*

—*Güi di pipol*, ¿qué es eso?

—¡Por eso te vuelvo a decir que tienes que volverte normal igual que yo! Tita, así empieza la *constitución*, en inglés se dice constituchon. Oye, Tita, es que no me dejas **acabarte** el cuento[3] y me va a dar más estrés.

—Sigue, sigue, que no te interrumpo más.

—Y estaba repasando el preámbulo a la constituchon y...

... Y de pronto veo algo sobre la **nevera** y como soy miope[4] pues na' ma' veía un bulto[5] y me figuré que era un melón que Many había comprado del frutero que pasa

---

[3] **acabarte...** to finish the story for you [4] nearsighted
[5] **na'...** I only saw a thing

PALABRAS CLAVE

hojear	*to page through*	la nevera *refrigerator*
acabar	*to finish*	

A pensar...

San Guiven is a mispronunciation of which familiar holiday? What does Barbarita believe she has seen in an apparition?

por aquí a las tres, el marido de la lavandera, y seguí practicando el *We the People*, pero me entró sed y cuando voy a abrir la puerta de la nevera para sacar el litro de Diet Coke
45 pasé el susto de la vida. Había un hombre transparente sentado arriba de la nevera con un pavo bajo el brazo. Me asusté mucho, me sentí como cucaracha en fiesta de gallinas[6], y con el susto le dije en inglés, «¿*Gua du yu*
50 *guan?*» El hombre me respondió: «Soy *San Guiven*».

Entonces yo le dije: «¿San Guiven, el de la **novela**?»[...] Y él me respondió: «Tranquilícese que eso es sólo en la novela.
55 Yo soy San Guiven de verdad. Vengo pa' que me empieces una **colecta** y me hagas un santuario[7]». Entonces sí que me turbé[8], tú sabes bien Tita que no es todos los días que a uno se le aparece un santo.

60 Y ya algo más tranquila le dije: «¿Tú sabes cómo termina la novela?» Él me dijo con la cabeza que sí, y siguió hablándome:

---

[6] **como...** fig. afraid (lit. feeling like a roach in a party of chickens)
[7] sanctuary   [8] **me...** I got nervous

PALABRAS CLAVE
la novela (telenovela) *soap opera*   **la colecta** *fundraiser, collection*

CHALLENGE What does the
story reveal about the process
of assimilation that many
immigrants go through as they
learn a new language, learn
about new customs, and adapt
to a changing lifestyle and
environment while maintaining
aspects of their own cultural
heritage? **(Analyze)**

«Ve al pantry y saca una lata de
arándanos». «¿Arándanos?» le pregunté yo
65 y él tan atento me contestó: «Así se les dice
a los cranberries en Spanish». Imagínate
la pena que pasé con el santo, yo casi una
maestra y no sabía decir *cranberries* en
español. Y continuó: «Sácale los arándanos y
70 limpia bien la lata. Ésta será la primera lata
para la colecta. Quiero que esta lata esté en
el punto más alto del santuario una vez se
construya». Y en seguida dijo «Mi fiesta debe
ser celebrada siempre el último jueves de
75 noviembre, *the last Thursday in November*».

—*¿Di las serdei in nobemver?*

—¡Ay Tita! ¿Cuándo vas a aprender
inglés? Eso es el último jueves de noviembre.
Él lo repitió en inglés pa' asegurarse que
80 su fiesta fuera bilingüe.[...] Entonces como
mismito[9] vino se desapareció, tú sabes, Tita,
se esfumó, pero dejó el pavo que tenía bajo el
brazo.

Esto te lo digo a ti porque sé que no
85 vas a ir a nadie con el chisme y pa' que me
ayudes a hacer más latas pa' la colecta. Yo sé
que el santo dijo una lata, pero con una lata
no se puede. Toma más tiempo y con lo de la
ciudadanía y el trabajo de *tícher assistan* no
90 tengo el tiempo ni pa' arrascarme el ombligo.

[9] **como...** just like

PALABRAS CLAVE
el arándano *cranberry*   la ciudadanía *citizenship*
esfumarse *to vanish*

Vocabulario de la lectura

Palabras clave

acabar *to finish*

el arándano *cranberry*

la ciudadanía *citizenship*

la colecta *fundraiser, collection*

esfumarse *to vanish*

hojear *to page through*

la nevera *refrigerator*

la novela (telenovela) *soap opera*

el traspatio *backyard*

A. Empareja cada **palabra clave** con la definición correcta. Entonces escribe una oración con la palabra y su definición.

Modelo: nevera / un electrodoméstico para mantener fría la comida
Una nevera es un electrodoméstico para mantener fría la comida.

1. hojear   la nacionalidad de alguien

2. traspatio   el terreno detrás de una casa

3. esfumarse   desaparecer rápidamente

4. ciudadanía   completar o terminar algo

5. acabar   mirar algo hoja por hoja

1. _____

2. _____

3. _____

4. _____

5. _____

B. Usa las **palabras clave** para completar las oraciones.

1. Tita estaba en _____ cuando llegó Barbarita para contarle lo que le pasó.

2. «San Guiven» apareció sobre _____ de Barbarita.

3. Barbarita le preguntó cómo _____ la novela.

4. «San Guiven» quiere que Barbarita haga _____ para construirle un santuario.

5. Después de dar sus instrucciones, «San Guiven» _____.

¿Comprendiste?

1. ¿Por qué fue Barbarita a ver a Tita?

_____

2. ¿Qué le dio Tita a Barbarita para calmarla?

_____

3. ¿Qué estaba haciendo Barbarita cuando San Guiven apareció?

_____

4. ¿Qué traía San Guiven y qué le mandó hacer a Barbarita?

_____

_____

5. ¿Aceptó Barbarita la misión? ¿Qué piensa hacer?

_____

Conexión personal

La pronunciación es sólo uno de los muchos retos *(challenges)* a que se enfrentan *(face)* los inmigrantes. Haz una lista de las dificultades de adaptarse a un país nuevo. Puedes basar tu lista en experiencias personales, en las experiencias de los (las) inmigrantes que conoces o puedes imaginar como sería si tú fueras a vivir a otro país. Entonces, habla con un(a) compañero(a) sobre qué pueden hacer para ayudar a los (las) estudiantes inmigrantes en su escuela.

Las principales dificultades son...

_____

_____

_____

_____

_____

_____

_____

_____

_____

_____

_____

Para leer   *Las mañanitas*

Reading Strategy

TRACK THE RELATIONSHIPS To understand "Las mañanitas" more fully, consider the feelings and attitudes that the characters hold toward each other. Copy this table onto a separate sheet of paper and use it to describe the relationship between each pair (Column B), describe any changes in the relationship during the story (Column C), and briefly list evidence supporting your descriptions in B and C (Column D).

A Relación familiar	B Descripción	C Cambios de actitud	D Evidencias [frases o contexto]
Narradora ←——→ Abuela			
Madre ←——→ Abuela			
Padre ←——→ Abuela			

What You Need to Know

There is one song that American children learn, along with Mother Goose, about the time they turn two. It is, of course, "Happy Birthday." But they probably will never discover, no matter how well educated they become, that two sisters named Mildred J. and Patty S. Hill, are responsible for its creation. At first, the Hills called their song "Good Morning to You!" and it was published under this title in 1893. Having gained no popularity, it was changed just a little, the words "Happy birthday" replacing "Good morning."

The rest is history. This song is a part of the personalized birthday ritual in thousands upon thousands of American homes. So today the song may be heard almost anywhere. The title of the following reading *"Las mañanitas"* is the title of the most famous birthday song in the Spanish-speaking countries.

READING TIP This selection is told from the perspective of one character and is primarily descriptive narrative. Here and there, dialogue is inserted. Dialogue is indicated by a dash (–) preceding the words spoken. Look for indications of who the narrator is and who is quoted.

READER'S SUCCESS STRATEGY To keep track of the characters and the emotions described in this memory, highlight each section where a family member's emotions are described. Jot down who is described and why he or she felt that way.

Sobre la autora

Sandra Cisneros (1954–) nació en Chicago y ahora vive en San Antonio, Texas. Su familia es de origen mexicano. Ella escribe poesía y ficción, y recibió muchos premios literarios. Entre sus libros más famosos están *La casa en Mango Street* y *Caramelo.* Algunas de sus obras se tradujeron a más de doce idiomas.

Sobre las canciones populares

«Las mañanitas» es una canción tradicional que se canta para celebrar los cumpleaños. Es una costumbre mexicana muy típica pero también es popular en otros países de habla hispana. En algunos casos, la letra *(lyrics)* varía y se pueden agregar *(add)* algunos versos.

Las mañanitas

Como lo obligaron a despertarse temprano todos los días de su infancia, papá tiene un sueño atroz[1]. No hay cosa que le guste más que despertarse tarde. Especialmente en su

5 cumpleaños.

---

[1] **tiene…** He is terribly tired

Y así, todos los demás ya están vestidos y listos para saludar la mañana de su nacimiento con una canción. —*Despierta, mi bien, despierta...* Pero esto quiere decir todos.

10 La abuela **enojona,** el abuelito, la tía Güera y la prima Antonieta Araceli, la niña Oralia, exhausta por tener que cocinar y limpiar para dieciocho personas más de lo normal, y hasta Amparo la lavandera y su hermosa hija,

15 Candelaria.

Además de cualquier otro a quien puedan forzar a presentar sus respetos —los primos, las tías y tíos, mis seis hermanos— todos desfilan por nuestra recámara mientras

20 todavía estamos dormidos bajo las sábanas, **parpadeando** con los ojos legañosos[2], el aliento agrio[3], el pelo **chueco** como escobas: mi mamá, mi papá y yo, porque, olvidé contarte, yo también duermo en su cuarto

25 cuando estamos en México, a veces en el catre con **ruedas** enfrente de ellos y a veces en la misma cama.

—Parecen rancheros —nos **regaña** la abuela después de que se acaba la canción del

30 cumpleaños—. Sin vergüenza[4] —me dice—. ¿No crees que ya estás grandecita como para dormir sola?

---

[2] **con...** bleary-eyed   [3] **aliento...** sour breath   [4] shameless

PALABRAS CLAVE

enojón(ona)	*crabby*	la rueda	*wheel*
parpadear	*to blink*	regañar	*to scold*
chueco(a)	*crooked*		

CHALLENGE This selection
relates a memory of a very
brief sequence of events but
contains a wealth of character
description. Summarize
the selection, including the
sequence of events along
with significant details
about the characters that
give the anecdote meaning.
(Summarize)

APUNTES

Pero ¿a quién le gusta dormir solo?
¿A quién se le ocurriría[5] dormir solo a menos
35 que tuviera que hacerlo[6], chico o grande?

Da vergüenza que te canten y te griten
antes del desayuno cuando todavía estás en tu
camiseta con olanes[7] y tus **calzones** floreados.
¿A mamá también le da pena? Estamos
40 clavados[8] a la cama, sin poder levantarnos
hasta que todos hayan felicitado a papá por su
cumpleaños.

¡Felicidades! *¡Happinesses!*

—Sí, gracias—dice papá pestañeando[9].
45 *Trae la barba gris sin rasurar[10], su camiseta ya no
es tan blanca, piensa mamá, y ¿por qué tuvo que
ponerse ésa con el **hoyo**?*

—¿Adivina qué te guardé nada más
50 para ti, m'ijo? ¡La nata[11] de hoy! ¿Prefieres
vestirte y bajar a desayunar, o te traigo una
charola[12]?

---

[5] ¿A... Who would think of...?   [6] a menos... unless he (she) had to
[7] frilly   [8] nailed   [9] blinking   [10] sin... unshaven
[11] cream   [12] tray

PALABRAS CLAVE
dar vergüenza to be   **el calzón** underwear
embarrassing   **hoyo** hole

—Gracias, mamá. Me voy a vestir. Gracias a todos. Gracias, muchas gracias.

Luego, después de lo que parece un largo rato
55 mientras la abuela **asiente** y supervisa los buenos deseos de todo el mundo, todos salen en fila.

Mamá se levanta de un brinco[13] y **se ve** en el espejo del tocador.

60 —Me veo horrible, dice, cepillándose el pelo con furia.

Sí se ve horrible, el pelo parado como si se estuviera incendiando[14], pero nadie le dice,

—Ay, no, no te ves horrible para nada, y
65 esto sólo hace que se sienta peor.

> Apúrate y vístete —me dice de esa manera que me hace obedecerla sin preguntar por qué.

—¡Tu mamá! Te apuesto a que se cree
70 muy chistosa cuando entra todos los años sin tocar siquiera. Despierta a todo el barrio más y más temprano. ¿Qué cree? ¿Que me ve la cara de taruga[15] o qué?

Papá no hace caso de las quejas de
75 mamá. Papá ríe esa risa que siempre ríe cuando el mundo le parece divertido. Esa risa como las chicharras[16], una risa como la letra «k».

---

[13] **de…** she jumps   [14] burning
[15] **Que…** Does she think I'm a blockhead?   [16] cicadas

PALABRAS CLAVE
asentir *to agree*   **verse** *to look, to appear*

Vergüenza is mentioned in connection with several characters. Which ones feel embarrassment about their actions and appearance and which do not. Why? **(Compare and Contrast)**

La mamá

_____

_____

El papá

_____

_____

La hija

_____

_____

La abuela

_____

_____

⬛ MÁRCALO ▷ GRAMÁTICA
You have reviewed how pronouns are attached to affirmative command forms. Read the boxed text and circle the commands with attached pronouns. Identify the speaker and whom he or she is speaking to.

_____

_____

Vocabulario de la lectura

Palabras clave

asentir *to agree*

el calzón (los calzones) *underwear*

chueco(a) *crooked*

dar vergüenza *to be embarrassing*

enojón(ona) *crabby*

el hoyo *hole*

parpadear *to blink*

regañar *to scold*

la rueda *wheel*

verse *to look, to appear*

A. Empareja las siguientes **palabras clave** con sus definiciones.

regañar, calzones, parpadear, enojona, asentir

1. abrir y cerrar los ojos _____

2. estar de acuerdo _____

3. la ropa interior _____

4. una persona que siempre está enojada _____

5. corregir verbalmente los errores de alguien _____

B. Completa cada oración con una de las **palabras clave**.

1. A todos nosotros _____ que tantas personas nos vieran en la cama.

2. Cuando nos levantamos teníamos el pelo _____.

3. A veces la niña dormía en una camita portátil con _____.

4. Cuando mamá se levantó _____ un poco fea.

5. Había un _____ en la camiseta de papá.

¿Comprendiste?

1. ¿Son muchas o pocas las personas que felicitan al papá la mañana de su cumpleaños?

_____

2. ¿Qué diferencia hay entre el aspecto de las personas que llegan a la casa y el aspecto de la narradora y sus padres?

_____

_____

3. ¿Cómo reaccionan la narradora y sus padres ante la visita?

_____

4. ¿Cuál es el papel _(role)_ de la abuela en la celebración?

_____

5. ¿Qué relación crees que hay entre la narradora y la abuela, la mamá y la abuela y el papá y la abuela?

_____

_____

Conexión personal

¿Has tenido alguna celebración de cumpleaños muy especial? Escribe un párrafo en que describas los eventos del día, las personas que participaron y las emociones que sintieron tú y las otras personas. Si no recuerdas un cumpleaños especial, escribe sobre tu idea del cumpleaños perfecto.

El cumpleaños que...

_____

_____

_____

_____

_____

_____

_____

_____

Para leer   *La mejor edad*

Reading Strategy

ANTICIPATE CONTENT THROUGH ORGANIZATIONAL CLUES The author of the following selection gives wonderful organizational clues to lead us through the essay. These clues relate to age. In the space below, draw pictures of the different ages mentioned in the reading. Next to the corresponding picture, summarize what people of each age think about "the best age."

What You Need to Know

People have argued since time began over what the best time of life is. Some say childhood, others say youth; others claim that middle age is the prime of life, while still others say that the golden years are the best. Regardless, each age has characteristics that are unique. Carlos Balaguer explains his opinions on the matter in this essay.

Sobre el autor

Carlos Balaguer (1952–) nació en San Salvador, El Salvador. De joven empezó a escribir poemas y decidió irse a vivir al campo. Allí descubrió su fascinación por la naturaleza, un tema que se manifiesta en muchas de sus obras. Estudió psicología en la Universidad Católica (UCA) y empezó a escribir para el periódico *El Diario de Hoy* de San Salvador. Entre sus obras figuran ensayos, novelas, leyendas y fábulas.

Sobre las edades

Con frecuencia, las obras de arte y tradiciones de los indígenas de Centroamérica hacen referencia a las diferentes edades de la vida y a la importancia de cada una. En la pintura *El barbero* de Domingo García, artista maya guatemalteco, se ven claramente las tres edades.

La mejor edad 🎧

Εl hombre puede hacer de su vida gozo o desdicha; puede crear su paraíso o, si lo quiere, su infierno. De la elección de su corazón depende su alegría.

5   Si de pronto, al estar en un lugar rodeado[1] de muchas personas, empezáramos a preguntar a cada quién cuál es la mejor edad[2] de la vida, cada cual diría[3] su propia respuesta.

10   Para un niño, la mejor edad de la vida será la de ser niño, porque así podría[4] comer

---

[1] surrounded   [2] age   [3] **cada…** each one would say
[4] could

READER'S SUCCESS STRATEGY Organize the essay by the age categories and characteristics discussed. Use a chart to take notes on the main ideas.

Section
Age
Characteristics

Section
Age
Characteristics

Section
Age
Characteristics

READING TIP This reading
outlines characteristics of
several times of life. The author
often uses the future tense to
predict and speculate about
different features of each age.

A pensar...

According to Balaguer, what
determines the best time of
life? **(Analyze)**

Read the boxed text and
underline all the verbs in future
tense. In which cases does the
author use this tense to express
the future, and in which cases
does he use it for conjecture?

El barbero *(2003), Domingo García Criada*

caramelos[5], jugar, **cazar** estrellas y mariposas.
En los caballos **de nube** de su imaginación
estará el trote[6] de sus **ilusiones** por el
15 anchuroso[7] universo de la ilusión.

Para otros, la mejor edad de la vida
será la juventud, pues en ella la naturaleza
expresará su fuerza, esperanza y **encanto**.
La belleza de la juventud está en lo que
20 **promete**. Sus rosas y sus luces; sus encantos
y sus ilusiones. En la juventud, es cuando
los caminos se abren al hombre, que trata de
conquistar su **devenir,** su ideal.

Para un **anciano,** en cambio, la alegría
25 de la vida ya no estará únicamente en sus
emociones de lucha, sino en la contemplación
de la naturaleza; la paz del guerrero[8] después
de la victoria de vivir... La mejor edad de
la vida para el viejo, estará en la paz de la
30 naturaleza y en su sensación de eternidad y
de **grandeza**. La **sabiduría** de la vejez, otro de

---

[5] candies   [6] trot   [7] wide   [8] warrior, soldier

PALABRAS CLAVE
  cazar *to hunt*
  la nube *cloud*
  la ilusión *hope, dream*
  el encanto *enchantment,*
  attraction

  prometer *to promise*
  el devenir *future*
  el(la) anciano(a) *elderly person*
  la grandeza *greatness, majesty*
  la sabiduría *wisdom*

Desalojados en la finca *(2004), Mario González Chavajay*

sus encantos, será un fuerte motivo de hacer de la vejez, si se quiere, la mejor edad de la vida…

35   En fin, y si continuamos más allá, veríamos[9] que para el **derrotista** no existen mejores edades de la vida y que, para el árbol, cada edad de su vida tiene su propio esplendor, su verdor[10], su floración[11] y sus

40 frutos… cuando no el oro de su otoño[12].

---

[9] we would see   [10] greenness   [11] flowering
[12] **cuando…** even the gold of its autumn

PALABRAS CLAVE
   el (la) derrotista *defeatist*

Vocabulario de la lectura

Palabras clave

el (la) anciano(a) *elderly person*

cazar *to hunt*

derrotista *defeatist*

el devenir *future*

el encanto *enchantment, attraction*

la grandeza *greatness, majesty*

la ilusión *hope, dream*

la nube *cloud*

prometer *to promise*

la sabiduría *wisdom*

A. Completa cada oración con la palabra apropiada.

1. A muchos niños les gusta (cazar / prometer) _____ mariposas.

2. Los jóvenes piensan mucho en su (nube / devenir) _____ .

3. Los (derrotistas / ancianos) _____ no creen en una mejor edad.

4. La (ilusión / sabiduría) _____ viene con la edad y la experiencia.

5. Cuando uno es joven el futuro (promete / caza) _____ mucho.

B. Completa el párrafo con una **palabra clave** apropiada.

Cada edad _____ algo al optimista. Para los niños,
                        (1)

el _____ de su edad es la libertad y alegría de ser niño y
        (2)

no tener grandes problemas. Los jóvenes miran hacia el futuro con

mucha _____ . Los _____ que han aprendido
            (3)   (4)

mucho de la vida, pueden estar contentos con su _____ .
                                                        (5)

Pero el derrotista no cree en la _____ de ninguna edad.
                                        (6)

¿Comprendiste?

1. ¿Cuáles son las tres edades que menciona el autor?

_____

2. ¿Cuáles son las características de cada edad según el autor?

_____

_____

_____

3. ¿Estás de acuerdo con el autor sobre lo que piensa de la juventud?

_____

4. Según el autor, ¿de qué depende la felicidad del ser humano?

_____

5. En tu opinión, ¿qué significa la conclusión del ensayo?

_____

Conexión personal

Escribe un breve ensayo en que expliques tus ideas sobre la mejor edad. Incluye al menos tres ideas concretas y explícalas con detalles apropiados.

Para mí, la mejor edad es...

idea 1
_____

por qué
_____

_____

idea 2
_____

por qué
_____

_____

idea 3
_____

por qué
_____

_____

_____

Para leer   *La tristeza del maya*

Reading Strategy

USE DIALOGUE CLUES FROM PUNCTUATION AND WORDING To understand a written dialogue in Spanish, find clues in the markers before each segment of dialogue. Dialogue in Spanish is either preceded by a dash (–) or is enclosed in brackets («...») instead of the English form of quotation marks (" . . . "). You can also find clues in words such as *dijo.* Such words tell you who is saying the first line. You might find it useful to write on a sheet of paper the sequence of speakers as they shift from one to the next and back. See the example below.

```
El maya dijo:
—Quiero ser feliz.
La lechuza respondió:
—¿Quién sabe lo que es la felicidad?...
```

El maya: Quiero ser feliz.
La lechuza: ¿Quién sabe lo que es la felicidad?...

What You Need to Know

This Mayan fable relates how a variety of animals tried to fulfill a man's desire for happiness. As the man outlines what he needs to be happy, each animal offers a particular trait as a gift. Like all fables, *La tristeza del maya* has a moral. Can you guess what it will be, based on the title and the summary?

Sobre la civilización maya

La civilización maya existió entre 2600 a.C. y 1511 d.C. en lo que hoy son Guatemala, Honduras, El Salvador, Belice y la parte este de México. Tenían una civilización muy avanzada; entre sus contribuciones culturales podemos contar con un calendario y un sistema de jeroglíficos que los científicos todavía no pueden descifrar *(decipher)* por completo.

Sobre las leyendas

Los mayas tenían mucho respeto por el medio ambiente y todo lo que éste incluía: los pájaros, los reptiles, los insectos y las plantas. «La **tristeza** del maya» es una leyenda que muestra este amor por la naturaleza.

Guerreros con máscaras *(c. 750–900 d.C.), pintura maya*

La **tristeza** del maya

Un día los animales se acercaron a un maya y le dijeron:

—Es una pena que estés triste. Pídenos lo que quieras y lo tendrás.

PALABRAS CLAVE
la tristeza   *sadness*

READER'S SUCCESS STRATEGY   Keep track of which animals offer which gifts to the man by filling in the chart as you read. Two of the animals mentioned do not give gifts but play another role in the fable.

Animal	Gift

APUNTES

Procesión de animales *(c. 750–900 d.C.), pintura maya*

READING TIP In addition to impersonal expressions and the subjunctive, the man uses **quiero + infinitive** to make some of his requests. Impersonal expressions with the subjunctive are an indirect way to make requests. **Querer + infinitive** is a very direct way of making a request. Notice how the fable alternates these two forms.

⫸ MÁRCALO ⟩ GRAMÁTICA
The man uses impersonal expressions with the subjunctive to express some of his requests. Underline each impersonal expression and circle each subjunctive form in the boxed passage.

CHALLENGE Take a moment to think about what you have already read, including the title of the selection. What do you think the moral of the fable will be? **(Predict)**

5 El maya dijo:

—Quiero ser feliz.

La lechuza respondió:

—¿Quién sabe lo que es la **felicidad?**
Pídenos cosas más humanas. ❊

10 —Bueno —añadió el hombre—,
es importante que tenga buena **vista**.

El zopilote le dijo:

—Tendrás la mía.

—Es mejor que sea fuerte.

15 El jaguar le dijo:

—Serás fuerte como yo.

—Quiero caminar sin cansarme.

El venado le dijo:

—Te daré mis piernas.

20 —Quiero adivinar[1] la llegada de las lluvias.

El ruiseñor le dijo:

—Te avisaré con mi canto.

[1] guess

PALABRAS CLAVE
la felicidad *happiness*　　　la vista *sight, vision*

—Es preferible
que sea astuto[2].

25 El zorro le dijo:

—Te enseñaré a
serlo.

—Quiero **trepar**
a los árboles.

30 La ardilla le dijo:

—Te daré mis
uñas.

—Será bueno que
conozca las plantas
35 medicinales.

La serpiente le dijo:

—¡Ah, ésa es cosa mía porque yo conozco
todas las plantas!
Te las marcaré en el campo.

40 Y al oír esto último, el maya se **alejó**.

Entonces la lechuza les dijo a los animales:

—El hombre ahora sabe más cosas y puede
hacer más cosas, pero siempre estará triste. ❈

Y la chachalaca se puso a gritar:

45 —¡Pobres animales! ¡Pobres animales!
Ojalá el hombre aprenda a pedir menos y dar
más. Sólo así encontrará su felicidad.

---

[2] clever

Figura haciendo una ofrenda al
dios Itzamná *(c. 750–900 d.C.)*
Pintura en una vasija maya

A pensar...

Reread the beginning of the
fable and then reread the last
two speeches. Why do you
think the animals believe that
the man will always be sad?
(Draw Conclusions)

PALABRAS CLAVE

trepar *to climb*
las uñas *fingernails or toenails*

alejarse *to move away,*
to distance oneself

Vocabulario de la lectura

Palabras clave

alejarse *to move away,*
  to distance oneself
la felicidad *happiness*
trepar *to climb*

la tristeza *sadness*
las uñas *fingernails or toenails*
la vista *sight, vision*

A. Completa cada oración con una **palabra clave** apropiada.

1. El hombre sufría de _____.

2. Los animales querían ayudarlo a encontrar la _____.

3. El zopilote tiene muy buena _____.

4. La ardilla tiene mucho talento para _____ árboles.

5. El hombre _____ después de recibir los regalos de los animales.

B. Contesta las siguientes preguntas con información de la lectura.

1. ¿Qué buscaba el hombre?

_____

2. ¿Qué dice el hombre que es importante que tenga para ver mejor?

_____

3. ¿Qué le regala la ardilla al hombre?

_____

4. ¿Por qué quería el hombre el regalo de la ardilla?

_____

5. Al final, ¿de qué sigue sufriendo el hombre?

_____

¿Comprendiste?

1. ¿En dónde crees que se desarrolla el diálogo?

_____

2. Explica la relación entre lo que quiere el hombre y el regalo que le da cada animal.

_____

_____

_____

3. ¿Por qué crees que la chachalaca gritó «Pobres animales» al final?

_____

_____

4. ¿Por qué el hombre pide tantas cosas?

_____

5. La chachalaca cree que el hombre sólo encontrará su felicidad si aprende a pedir menos y dar más. ¿Estás de acuerdo o no? Explica tus razones.

_____

Conexión personal

Escribe un breve ensayo para explicar qué características de qué animales te gustaría tener y cómo podrías convivir mejor con los animales con esas características. Para organizar tus ideas, completa la gráfica con una lista de animales y una lista de características.

Animal	Característica

Me gustaría tener...

_____

_____

_____

_____

_____

_____

_____

_____

_____

_____

Para leer   *El sueño de América*

Reading Strategy

USE A HONEYCOMB MAP TO SUMMARIZE THE READING While reading
the excerpt of a story by Esmeralda Santiago, use the honeycomb map to
summarize the story. Complete all the parts of the map below. You might need
to make some intelligent guesses (inferences) based on the context.

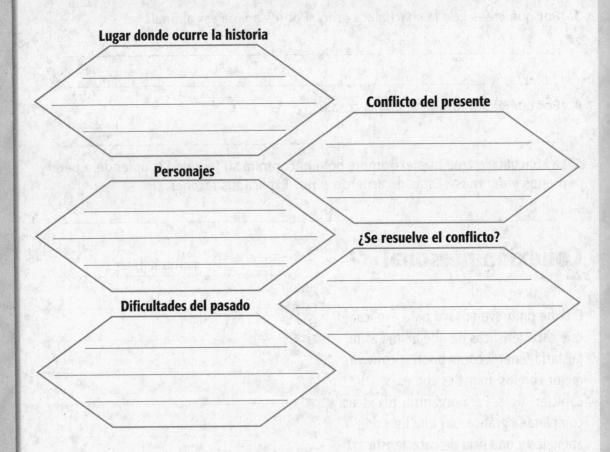

Lugar donde ocurre la historia

Conflicto del presente

Personajes

¿Se resuelve el conflicto?

Dificultades del pasado

What You Need to Know

The two women in this selection, América and her aunt Paulina, talk over the
difficulty of raising children. América admires the relationship her aunt has with her
family. But in the course of this brief conversation, América learns that Paulina has
suffered as much as América over the mistakes her children made while growing up.

Sobre la autora

Esmeralda Santiago (1948–) nació en San Juan, Puerto Rico, y su familia vino a Estados Unidos cuando ella tenía trece años. Entre sus obras más famosas están *Cuando era puertorriqueña* y *El sueño de América*. Esta última ya se ha publicado en seis idiomas y fue seleccionada por Literary Guild.

Sobre la inmigración

Puerto Rico es un Estado Libre Asociado de Estados Unidos. Los puertorriqueños son ciudadanos estadounidenses que no necesitan pasaporte para entrar a EE.UU. En la novela *El sueño de América*, una puertorriqueña llega a EE.UU. y visita a su tía que vino a este país hace muchos años.

El sueño de América

Retrato de una mujer, *María Antonia Ordóñez*

—**A**sí son nuestros domingos —Paulina le explica más tarde—. Todas las semanas que pueden, vienen los hijos

5 y la nieta. Y casi siempre Rufo y Lourdes y Darío y, por supuesto, los **mellizos.**

   —¿Todas las semanas?

   —Sí, m'ija[1], todas las

10 semanas. Y a veces vienen otros parientes o los vecinos. Pero siempre tengo la casa llena los domingos.

   ....

_____

[1] my daughter (*mi hija*)

PALABRAS CLAVE
  los mellizos *twins*

READING TIP Remember that dialogue is often indicated by a dash before the spoken sentence. If the dialogue is interspersed with narrative, the spoken portions will have a dash at the beginning and the end. Look for dialogue markers as you read the selection to help you distinguish between dialogue and narration.

READER'S SUCCESS STRATEGY Identify the speaker for each dialogue portion of the selection, and write her name next to what she says to help you follow the conversation more easily.

APUNTES

—Usted parece tener una relación tan
15 linda con sus hijos, Tía. América dice con tanta sinceridad que Paulina se **infla** de orgullo.

—Sí, es verdad. Leopoldo y yo tratamos de no **entrometernos** mucho en sus vidas. Les permitimos cometer errores.

20 —Eso es lo que yo **traté de** hacer con Rosalinda, pero no me **salió bien.**

—El darles la libertad de cometer errores no quiere decir que no los cometerán, América. Ella considera esto un minuto, y la tensión
25 de siempre vuelve a su pecho, un dolor tan profundo que no puede nombrarlo, no puede separarlo de su ser. Se **deslizan** lágrimas por sus mejillas.

—Lo has tomado tan personalmente
30 —Paulina dice con verdadera sorpresa, como si nunca se le hubiera ocurrido[2] que los errores de sus hijos se reflejarían[3] en ella.

—¿Usted no lo haría[4], Tía? —América dice resentida[5].

35 —Nena, tú no tienes ni idea del sufrimiento que me han **ocasionado** mis hijos

—Paulina sube sus manos a su pecho.

América la mira como si la estuviera viendo[6] por primera vez.

40 —¿Ellos la han hecho[7] sufrir? —no encaja con la imagen de las caras sonrientes[8] en las

---

[2] **como...** as if it had never occurred to her
[3] **se...** would reflect   [4] **no...** wouldn't do it
[5] resentfully   [6] **como...** as if she were seeing her
[7] **la...** they made you   [8] smiling

PALABRAS CLAVE

inflar *to fill, as with air*   **salir bien/mal** *to turn out well/badly*
entrometerse *to butt in*   **deslizar** *to slide*
tratar de + inf. *to try to*   **ocasionar** *to cause*

Los Rodríguez

Con mucho amor,
de tu hija,
tu yerno y tus nietos

CHALLENGE Do you agree
with Paulina's statements?
Or do you think parents bear
more responsibility for their
children's decisions? Explain
your reasons. **(Evaluate,
Connect)**

tarjetas de Navidad en la pared de memorias
de Ester.

45 —Si yo contara[9] las horas que pasé
sentada en esta misma silla esperando que
Orlando regresara a casa de estas calles
peligrosas, o de las batallas que tuve con
Carmen sobre sus amigos...

—Ay, no, nena, tú no quieras saber
50 —Paulina mira sus manos **fijamente**, manos
arrugadas, manchadas[10] por la edad, con uñas
desafiladas[11] y cutículas gruesas[12].

—Lo que yo no comprendo —América
dice— es qué tiene que hacer una madre para
55 prevenir que sus hijos no repitan sus errores.
¿Cómo se les enseña que nuestra vida no es su
modelo?

MÁRCALO GRAMÁTICA
In the boxed text, underline the
subjunctive verb and circle the
verbs in the indicative.

—No se les puede enseñar[13], nena, ellos
tienen que aprender eso por sí mismos.

60 —Yo no puedo estar de acuerdo con eso,
Tía. ¿Para qué somos madres si no es para
enseñarles?

—No se les puede enseñar —Paulina
insiste—. Sólo puedes escucharles y
65 orientarlos. Y después sólo si te lo piden
puedes **guiarles.**

---

[9] **Si...** If I were to count   [10] speckled   [11] rough   [12] thick
[13] **No...** They can't be taught

PALABRAS CLAVE
fijamente *closely, fixedly*   **guiar** *to guide*
arrugado(a) *wrinkled*

Vocabulario de la lectura

Palabras clave

arrugado(a) *wrinkled*

deslizar *to slide*

entrometerse *to butt in*

fijamente *closely, fixedly*

guiar *to guide*

inflar *to fill, as with air*

los mellizos *twins*

ocasionar *to cause*

salir bien/mal *to turn out well/badly*

tratar de + inf. *to try to*

A. Decide si las dos oraciones son similares o diferentes en significado.

1. SIMILARES   DIFERENTES
Los hijos de Paulina le ocasionaron muchos problemas.
Los hijos de Paulina le causaron muchos problemas.

2. SIMILARES   DIFERENTES
Tengo un hermano de la misma edad que yo.
Mi hermano y yo somos mellizos.

3. SIMILARES   DIFERENTES
Es importante no entrometerse en la vida de sus hijos.
Es importante tratar de ayudar a sus hijos a tomar buenas decisiones.

4. SIMILARES   DIFERENTES
América quiere orientar a su hija.
América no quiere guiar a su hija.

5. SIMILARES   DIFERENTES
Paulina miró sus manos fijamente.
Paulina miró sus manos sin atención.

B. Escoge una **palabra clave** para completar cada oración, de acuerdo con la lectura.

1. Paulina tiene las manos _____.

2. América _____ permitir que su hija cometiera sus propios

errores pero no le _____ bien.

3. Paulina _____ de orgullo cuando América observó que tenía
una buena relación con sus hijos.

4. América lloró cuando pensó en los problemas con su hija.

Se le _____ las lágrimas por las mejillas.

5. Paulina dijo que una madre sólo puede _____ a sus hijos;
es imposible evitar *(avoid)* sus errores.

¿Comprendiste?

1. ¿Qué deduce América de los domingos en casa de Paulina?

_____

2. ¿Quién es Leopoldo?

_____

3. ¿Por qué crees que América se pone triste cuando piensa en su hija?

_____

4. ¿Qué tipo de fotos vio América en casa de Ester?

_____

5. Según Paulina, ¿cuál es la responsabilidad de una madre?

_____

_____

Conexión personal

América quiere que su hija aprenda de los errores de su madre, pero Paulina dice que los hijos sólo aprenden de sus propios errores. Escribe un párrafo en que describas un momento en que aprendiste algo de tus padres o en que aprendiste algo por cometer tu propio error.

Yo aprendí algo...

Para leer *La ñapa*

Reading Strategy

USE CATEGORIES TO COMPARE THE TWO PLACES In the story,
Tía Lola makes comparisons between the U.S. and the Dominican
Republic. In the chart, list all the comparisons she makes.

Estados Unidos	La República Dominicana
1. saludar con la mano	1. saludar con besos
2.	2.

What You Need to Know

Miguel and Juanita are the children of Dominican immigrants to the United
States and are taking their first trip to the Dominican Republic. Their aunt
Lola is giving them tips on some cultural differences between the United
States and the Dominican Republic.

Sobre la autora

Aunque Julia Álvarez (1950–) nació en la ciudad de Nueva York, su familia regresó a la República Dominicana cuando ella todavía era bebé. Entre sus obras están *Cómo las García perdieron su acento, Antes de ser libres* y *Cuando tía Lola vino de visita a quedarse.* La selección que vas a leer pertenece a este último libro, donde la autora habla de unas Navidades en la República Dominicana.

Sobre las costumbres populares

La palabra *ñapa* viene de la palabra quechua *yapay,* que significa «dar más». Esta palabra se refiere a la costumbre que existe en los mercados y en las tiendas pequeñas de darle al cliente un poquito más de lo que ha comprado. Esta tradición sirve para agradecerle al cliente y animarlo a que vuelva a comprar allí. Esta costumbre existe en muchos países, como Argentina, donde se llama *la yapa;* en Cuba, donde se llama la *contra,* y aun en Nueva Orleans, donde la palabra mantiene su pronunciación española pero con ortografía francesa: *la gniappe.*

La ñapa 🎧

Miguel mira desde su **asiento** en el avión, junto a la **ventanilla**. La República Dominicana se extiende bajo sus ojos como una enorme alfombra verde esmeralda, bordeada de playas de arena blanca como la nieve. Hace algunas horas, la tierra era un borrón[1] gris. Cuesta creer[2] que es diciembre, y que en dos días será Navidad.

5

---

[1] blur   [2] **Cuesta…** It is hard to believe

PALABRAS CLAVE
el asiento   *seat*

la ventanilla   *window*
(plane, train, car)

READER'S SUCCESS STRATEGY   **Skim for the general idea:** Skim the selection and jot down the general theme of the story.

A pensar...

What do you think Miguel is feeling as the reality of visiting the Dominican Republic for the first time hits? How would you feel visiting the home country of your parents for the first time? (**State an Opinion, Connect**)

Vista aérea de la República Dominicana

Junto a él, en el asiento del medio, tía Lola
10 les da unos consejos de última hora sobre las
costumbres de la isla.

—Los americanos saludan de mano
—dice— pero los dominicanos preferimos
saludarnos con besos.

15 En el asiento del **pasillo**, Juanita escucha la
lección atentamente.

—¿Por eso siempre nos das besos, tía Lola?

—¿Es que acaso les doy tantos besos? —les
pregunta ella.

20 Miguel asiente con la cabeza, para que tía
Lola no le pregunte si está prestando atención.
Observa los exuberantes campos verdes
acercarse más y más. Los árboles diminutos se
vuelven de tamaño natural y las figuras que
25 parecían hormigas[3] se transforman en gente
de verdad.

En cuanto a los besos de tía Lola, Juanita
tiene razón. Tía Lola les da un beso cuando
llegan a casa, así como cuando salen. Les da
30 un beso al acostarse por la noche y cuando se

[3] ants

PALABRAS CLAVE
el pasillo   *aisle*

Arte naíf de la República Dominicana

levantan por la mañana. Si quiere darles las gracias o decirles que lo siente o **felicitarlos** por ayudarle a limpiar la casa, también les da un beso. De pronto, Miguel se pone nervioso.

35 Está a punto de encontrar una isla llena de gente a la que le gusta dar besos tanto como a su tía.

—Si van al mercado —dice tía Lola—, y compran una docena de mangos, no olviden

40 pedir su **ñapa.**

—¿Y eso qué es? —pregunta Juanita.

—Una ñapa es un poquitico más que te dan al final. Si compras una funda[4] de naranjas y pides tu ñapa, te dan una naranja de más o tal

45 vez una guayaba[5] o un cajuil[6] o un caramelo. Si comes flan y pides tu ñapa, te dan un poco más. Digamos que una familia tiene siete hijos y luego nace otro. A ese último lo llaman la ñapa.

---

[4] bag   [5] guava   [6] cashew

PALABRAS CLAVE
felicitar *to congratulate*   **la ñapa** *a little extra*

MÁRCALO > **GRAMÁTICA**

Look for an example of emotion + subjunctive in the boxed text. Underline the verb of emotion and circle the subjunctive form.

APUNTES

....

50 Es el primer viaje de Miguel a la isla de donde vienen sus padres. ¿Cómo será?

De pronto, piensa que debería haberle puesto[7] más atención a las lecciones de tía Lola durante el recorrido[8] desde Vermont.

55 Cuando entran a la terminal, un conjunto musical empieza a tocar un merengue. Todo el mundo **se pone** a bailar, entre ellos tía Lola y mami y Juanita. Miguel se alegra de que ninguno de sus amigos viva aquí, así no tiene
60 por qué **avergonzarse.**

Se paran en una larga **cola** a esperar su turno. Algunas de las personas tienen pasaportes rojos. Los suyos son azules.

—¿Por qué? —le pregunta Juanita a mamá.

65 —Porque somos ciudadanos de Estados Unidos. Los dominicanos tienen pasaportes rojos.

Juanita se siente orgullosa de tener un pasaporte de Estados Unidos, aunque le
70 gustaría que Estados Unidos hubieran escogido[9] el rojo, su color preferido.

El agente de la cabina de vidrio revisa sus pasaportes, y mira a Miguel y luego a Juanita.

---

[7] **debería...** he should have paid   [8] journey, trip
[9] **hubieran...** had chosen

PALABRAS CLAVE
ponerse a + inf. to start   **la cola** line
avergonzarse to be embarrassed

—No parecen americanos
75 —le dice a su mamá.

—¡Sí somos americanos!
—Miguel suelta de sopetón[10].
Se pregunta qué lo
hace ser un verdadero
80 americano. ¿Haber nacido
en Nueva York y no en
la República Dominicana
como sus papás? ¿Hablar
en inglés? ¿Que su equipo
85 preferido de béisbol sean los
Yanquis? ¿Que todavía le gusten más los *hot
dogs* que el arroz con habichuelas[11]?

En realidad, cuando Miguel mira a su
alrededor, se parece más a los dominicanos
90 de pasaportes rojos que a sus compañeros de
escuela de Vermont.

Miguel recuerda parte de la lección que tía
Lola les ha dado en el avión. Quizá la manera
de probar que es americano es actuar como tal.
95 Le sonríe al agente, luego se para de puntillas[12]
para darle un **apretón de manos.**

---

[10] **suelta...** blurts out unexpectedly   [11] string beans
[12] **de...** on tip toes

PALABRAS CLAVE
  el apretón de manos *handshake*

READING TIP Notice how Miguel responds to his own question about what makes him American with a series of questions. Two of Miguel's questions begin with infinitives and two begin with a non-interrogative **que.** Rewrite his questions in standard question form.

1. _____

2. _____

3. _____

4. _____

CHALLENGE Skim through the selection again and jot down indications of when Miguel identifies himself more with the U.S. and when he identifies himself as a Dominican. **(Clarify)**

Vocabulario de la lectura

Palabras clave

el apretón de manos *handshake*

el asiento *seat*

avergonzarse *to be embarrassed*

la cola *line*

felicitar *to congratulate*

la ñapa *a little extra*

el pasillo *aisle*

ponerse a + inf. *to start*

la ventanilla *window (plane, train, car)*

volverse *to become*

A. Empareja la palabra con su definición: **la ñapa, el pasillo, ponerse a, felicitar, el asiento.**

_____ **1.** la parte del avión u otro lugar cerrado por donde caminan las personas.

_____ **2.** comenzar a hacer algo

_____ **3.** el lugar donde el pasajero se sienta

_____ **4.** un poquito más que te regala el vendedor cuando compras algo

_____ **5.** lo que se hace y dice cuando una persona hace un buen trabajo o tiene un cumpleaños

B. Completa el párrafo con la **palabra clave** apropiada.

Poco antes de llegar a la República Dominicana, Miguel miró por

la _____ y vio el hermoso verde de la tierra y la blancura de
    (1)

las playas. Miguel _____ un poco nervioso porque no había
                    (2)

escuchado los consejos de su tía con mucha atención. _____
                                                        (3)

de no saber mucho del país de sus padres. Cuando los pasajeros entraron

al aeropuerto, muchos se pusieron a bailar con alegría. Finalmente, se

pusieron en una _____ con sus pasaportes. Cuando el agente
                    (4)

comentó que la familia parecía dominicana y no americana, Miguel se puso

de puntillas y le dio un _____ al estilo americano.
                            (5)

¿Comprendiste?

1. ¿En dónde nacieron Miguel y Juanita? ¿En dónde nacieron sus padres?

_____

2. ¿Qué diferencias culturales se describen en la selección?

_____

_____

_____

3. ¿Qué consejos les da la tía Lola a Miguel y a Juanita para cuando vayan al mercado?

_____

4. Según Miguel, ¿qué cosas harían de él un americano de verdad?

_____

_____

5. ¿Qué quiere demostrar Miguel cuando se para y saluda al agente? ¿Cómo lo hace?

_____

Conexión personal

Escribe un ensayo breve sobre lo que tú crees que significa ser un ciudadano de
Estados Unidos. Incluye al menos tres elementos que tú consideras fundamentales
de tu nacionalidad. Explica tus razones para cada ejemplo. Completa la siguiente
tabla para organizar tus ideas antes de escribir.

Elemento	Razones

Para leer   *La ciudad de los mapas*

Reading Strategy

TAKE NOTES ON THE HISTORY While reading about Aguamarina, take notes on a separate sheet to help you understand and remember the events. Write the important years and what happened in each one.

> **Notas sobre Aguamarina**
> *1953 – El mapa oficial fue*
> *publicado con errores.*
> *1954 – ...*

What You Need to Know

This humorous story tells the tale of a city that cannot afford to reprint its map in which all the streets are mislabeled. Deciphering the map becomes such a popular game among the residents that, when the city is ready to reprint the map, the city council makes a startling decision. And so a small, otherwise unremarkable city gains its unusual distinction.

Sobre el autor

Edmundo Paz Soldán (1967–) nació en Cochabamba, Bolivia. Recibió su doctorado en literatura hispanoamericana en la Universidad de California, en Berkeley, y en 1997 ganó el premio «Juan Rulfo». Paz Soldán es el autor de varios libros, entre ellos *Amores imperfectos, Sueños digitales* y la colección de cuentos *Desencuentros.*

Sobre los mapas

Los primeros mapas del mundo entero aparecieron en el siglo XVI, después de que Colón llegó al Nuevo Mundo. El mapa creado por Martin Waldseemüller en 1507 es el primero que incluye Latinoamérica, y no era muy exacto si lo comparamos con los mapas modernos.

La ciudad de los mapas

La ciudad de Aguamarina es también conocida como la ciudad de los mapas. Hacia 1953 un error tipográfico hizo que[1] el mapa oficial de la ciudad fuera publicado[2]
5 atribuyendo nombres distintos de los verdaderos a todas sus calles y plazas: la calle Benedicto Romero se llamaba María Dolores y la calle Naucalpán se llamaba Cienfuegos y la Cienfuegos se llamaba
10 Benedicto Romero…

[1] **hizo…** caused
[2] **fuera…** to be published

La **alcaldía** no poseía dinero en su presupuesto anual para hacer reimprimir[3] el mapa, de modo que ciudadanos y

15 turistas debieron **valerse de** él por un año.

Sin embargo, **descifrar** el mapa, tratar de llegar de un lugar a otro siguiendo nada

20 más que sus instrucciones, **se convirtió** pronto en **el pasatiempo** del lugar. Era obvio, la ciudad era pequeña y la gente no necesitaba de

25 mapas para ir de un lugar a otro; el secreto del juego consistía, precisamente, en olvidar esa obviedad[4] y tratar de valerse únicamente del mapa.

....

Una **petición** que circuló de mano en mano

30 convenció a la alcaldía de mantener los errores tipográficos de 1953 en el mapa de 1954, o en su defecto cambiar los errores por otros errores. Se eligió la segunda opción. ❧

....

En los años 60, el error **adquirió** características

35 de sofisticación al aparecer diversas ediciones clandestinas de mapas que competían y ganaban en originalidad a los que publicaba

---

[3] to reprint   [4] the obvious

READING TIP The author includes a number of years to mark the passage of time. As you read the selection, circle each year given. What does this feature add to the story?

READER'S SUCCESS STRATEGY To help you keep track of the different maps, assign each one a name, such as *el mapa Malloy* or *el mapa Nueva York*.

PALABRAS CLAVE
la alcaldía *city hall*
valerse de *to make use of*
descifrar *decipher*
convertirse *to become*
el pasatiempo *pastime*
la petición *petition*
adquirir *to acquire*

el municipio. Algunos de estos mapas se
publicaban en costosas ediciones limitadas,
40 impresos en seda[5] china o terciopelo[6],
numerados y con firma del autor; del mapa
Malloy, por ejemplo, en que su creador, un
arquitecto casi ciego[7], había eliminado[8] siete
calles de la ciudad original y alterado dieciséis
45 nombres de lugares turísticos.

....

Una historia de Aguamarina y sus mapas
debería[9] necesariamente mencionar estos **hitos**:
en 1971, la publicación de un mapa en blanco;
en 1979, la circulación de un mapa de la ciudad
50 de New York como si fuera[10] de Aguamarina;
en 1983, el intento fallido[11] de crear un mapa del
mismo tamaño de la ciudad; en 1987, el mapa
que contaba en clave[12] la leyenda del Minotauro
y que motivó la profusión de niños bautizados
55 con los nombres de Ariadna y Teseo; en 1993,
el mapa de la ciudad sin alteración alguna,
hecho al que se habían desacostumbrado
tanto los aguamarinenses[13] que **resultó** ser el
más **delirante**, cruel y complejo de los mapas
60 hechos hasta ahora. ❖

Otras ciudades han tratado[14] de imitar a
Aguamarina. No han podido[15].

---

[5] silk   [6] velvet   [7] blind
[8] **había…** had omitted   [9] should
[10] **como…** as if it were   [11] **intento…** failed attempt
[12] **en…** in code
[13] **hecho…** an action to which the residents
   of Aguamarina were so unaccustomed
[14] **han…** have tried
[15] **han…** have been able

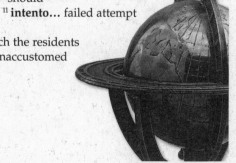

PALABRAS CLAVE
el hito *milestone*
resultar *to turn out*
             delirante *dizzying*

A pensar…

Why do you think the
publication of a city map
without errors was the
"most disorienting, cruel,
and complex" of the maps
published to date? **(Make
Judgments)**

CHALLENGE How does the
author introduce and maintain
the humor of this story?
Jot down the elements that
contribute to the humorous
tone. **(Analyze)**

Vocabulario de la lectura

Palabras clave

adquirir *to acquire*

la alcaldía *city hall*

convertirse *to become*

delirante *dizzying*

descifrar *to decipher*

el hito *milestone*

el pasatiempo *pastime*

la petición *petition*

resultar *to turn out*

valerse de *to make use of*

A. Decide que cada oración se refiere a los ciudadanos o a los mapas.

1. El juego de descifrarlos fue muy popular. _____

2. Se reconoce una serie de hitos en la producción. _____

3. La más delirante fue la versión original. _____

4. Organizaron una petición para mantener los errores. _____

5. Muchos se dedicaron al nuevo pasatiempo. _____

B. Completa cada oración con la **palabra clave** apropiada.

1. La _____ de una ciudad toma muchas decisiones para la población.

2. Después de varios años, los mapas _____ características de mucha sofisticación.

3. Descifrar los mapas _____ en el pasatiempo favorito de los ciudadanos.

4. Hubo muchas versiones pero la más difícil _____ ser el mapa original.

5. Los turistas no tuvieron otra opción que _____ de los mapas con errores.

¿Comprendiste?

1. ¿A qué se deben los primeros errores en el mapa oficial de Aguamarina?

_____

2. ¿Cómo reaccionaron los ciudadanos al ver el mapa defectuoso?

_____

3. ¿Cuál fue la consecuencia de la reacción de los ciudadanos?

_____

4. ¿Cuál fue el mapa más difícil de seguir?

_____

5. Aguamarina es una ciudad pequeña. De todos los mapas, ¿cuál es el menos apropiado para esta ciudad?

_____

Conexión personal

¿Qué experiencias has tenido con mapas con errores? Comparte tus experiencias con un(a) amigo(a). Si nunca has usado un mapa con errores, imagina una situación y cuéntala. Entonces, escribe una historia breve, contando tu experiencia real o imaginada. Decide qué tono quieres establecer, cómico, serio, trágico etc., y escoge cada elemento de tu historia con cuidado para apoyarlo.

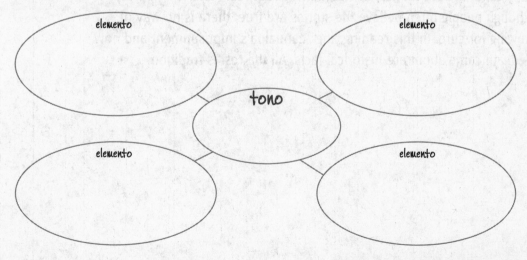

Para leer *Los incas ajedrecistas*

Reading Strategy

NOTE CAUSES AND EFFECTS While reading, use words and arrows to show causes and effects (on a different sheet). Start with the Spaniards discovering something important, and end with Atahualpa being sentenced to death. To reflect the actions, use a verb in each cause and each effect; an effect of a certain action becomes the cause of the next action. Add as many causes and effects as you need for this story.

CAUSA #1: Los españoles descubrieron que Atahualpa y Huáscar estaban luchando.

    ↳ **EFECTO #1:** _____ = CAUSA #2

        ↳ **EFECTO #2:** _____ = CAUSA #3

           ↳ **EFECTO #3:** Atahualpa fue condenado a muerte.

What You Need to Know

Many cultures have stories, or traditions, about real historical figures. Although people often believe the stories are true, there is no way of knowing for sure. In this reading, the Atahualpa's imprisonment and how his death came about are historical facts. All the rest is tradition.

Sobre el autor

Ricardo Palma (1833–1919) nació en Lima, Perú. Aunque estudió leyes, siempre se interesó por la literatura y las tradiciones de su país. Su libro *Tradiciones peruanas* describe momentos históricos y culturales de Perú, que fueron tomados de la tradición oral.

Sobre el imperio inca

Atahualpa y su hermano mayor Huáscar fueron los últimos emperadores del imperio inca. Atahualpa gobernó en el norte del imperio y Huáscar en la parte sur. Cuando llegaron los españoles, descubrieron que los dos emperadores estaban luchando por la división del imperio. Francisco Pizarro usó esa rivalidad y capturó a Atahualpa en la ciudad de Cajamarca.

Los incas ajedrecistas

El ajedrez llegó a España de la mano de los moros, quienes disfrutaban mucho de este juego. Para principios del siglo XV, el ajedrez ya era un juego muy popular en España, sobre todo entre los capitanes del ejército. Cuando los conquistadores españoles llegaron al Nuevo Mundo, uno de los elementos culturales que incorporaron fue el ajedrez.

Se sabe, por tradición, que los capitanes Hernando de Soto, Juan de Rada, Francisco de Chaves, Blas de Atienza y el tesorero[1] Riquelme se congregaban todas las tardes,

[1] treasurer

READER'S SUCCESS STRATEGY Jot down the main characters and the sequence of the main events as you read this anecdote about the Inca Atahualpa and his Spanish captors.

APUNTES

||| MÁRCALO ◇ GRAMÁTICA
Read the boxed text and circle
the verb in conditional tense.
Does this sentence express an
"if" statement or a supposition?
(Explain.)

A pensar...

Why was Atahualpa's
advice to Hernando de
Soto so surprising? (Draw
Conclusions)

5 en Cajamarca, en el departamento[2] que sirvió
de prisión al Inca Atahualpa desde el día 15
de noviembre de 1532, en que se efectuó la
captura del monarca, hasta la antevíspera[3] de
su injustificable sacrificio, realizado el 29 de
10 agosto de 1533.

....

Honda preocupación abrumaría[4] el
espíritu del Inca en los dos o tres primeros
meses de su cautiverio, pues aunque todas
las tardes tomaba asiento junto a Hernando
15 de Soto, su amigo y amparador[5], no daba
señales de haberse dado cuenta de la manera
como actuaban las piezas ni de los lances y
accidentes del juego. Pero una tarde, en **las
jugadas** finales de **una partida** empeñada[6]
20 entre Soto y Riquelme, hizo **ademán**
Hernando de movilizar el caballo, y el Inca,
tocándole **ligeramente** en el brazo, le dijo en
voz baja:

—No, capitán, no… ¡El castillo!

25  La sorpresa fue general.
Hernando, después de breves
segundos de meditación, puso
en juego **la torre,** como le
aconsejara Atahualpa, y pocas
30 jugadas después sufría Riquelme
inevitable **mate.** ❖

---

[2] room   [3] two days before
[4] must have overwhelmed   [5] protector
[6] heated

PALABRAS CLAVE

la jugada *play*	**la torre** *rook, a game piece in chess*
la partida *game, match*	**el (jaque) mate** *checkmate,*
el ademán *gesture*	*the winning move*
ligeramente *softly, gently*	

Atahualpa y Francisco Pizarro acuerdan la cantidad por el rescate del rey inca, *Theodore de Bry*

CHALLENGE According to popular belief, why did Riquelme vote for Atahualpa's execution? What might have happened if Riquelme had voted differently? **(Cause and Effect, Make Judgments)**

Después de aquella tarde, y **cediéndole** siempre **las piezas** blancas en muestra de respetuosa cortesía, el capitán don Hernando
35 de Soto invitaba al Inca a jugar una sola partida, y **al cabo de** un par de meses el discípulo era ya digno del maestro. Jugaban de igual a igual.

....

La tradición popular asegura que el Inca
40 no habría sido **condenado** a muerte si hubiera permanecido[7] ignorante en el ajedrez. Dice el pueblo que Atahualpa pagó con la vida el mate que por su consejo sufriera[8] Riquelme en memorable tarde. En el famoso consejo[9] de
45 veinticuatro jueces, consejo convocado[10] por Pizarro, se impuso a Atahualpa la pena de muerte[11] por trece votos contra once. Riquelme fue uno de los trece que suscribieron[12] la sentencia.

---

[7] **hubiera...** had remained   [8] suffered   [9] council
[10] called   [11] **pena...** death penalty   [12] signed

PALABRAS CLAVE
ceder   *to grant, to assign*
la pieza   *game piece*
al cabo de   *after*
condenar   *to condemn*

Vocabulario de la lectura

Palabras clave

al cabo de *after*

el ademán *gesture*

condenar *to condemn*

ceder *to grant, to assign*

el (jaque) mate *checkmate, winning move*

la jugada *play*

ligeramente *softly, gently*

la partida *game, match*

la pieza *game piece*

la torre *rook, a game piece in chess*

A. Completa cada oración con una **palabra clave** apropiada.

1. El Inca Atahualpa observaba las _____ con atención y aprendió a jugar.

2. Durante una _____ el Inca hizo una recomendación a de Soto.

3. De Soto siguió el consejo del Inca y movió otra _____.

4. Poco después Riquelme votó para _____ al Inca.

5. La creencia popular es que el Inca pagó con su vida el _____ que sufrió Riquelme.

B. Contesta cada pregunta, usando una **palabra clave** en tu respuesta.

1. ¿Cómo supo el Inca que de Soto iba a mover una pieza que no debía?

   _____

2. ¿Qué pieza recomendó el Inca?

   _____

3. ¿Cómo le hizo el Inca su recomendación a de Soto?

   _____

4. Durante las lecciones de ajedrez que de Soto le dio al Inca, ¿qué piezas le cedía el capitán?

   _____

5. ¿Aprendió el Inca a jugar tan bien como su maestro en mucho o poco tiempo?

   _____

¿Comprendiste?

1. ¿Cómo llegó el ajedrez al Nuevo Mundo?

_____

2. ¿Qué hacían los capitanes españoles cada tarde? ¿Dónde lo hacían? ¿Quién más estaba presente?

_____

_____

3. ¿Cómo aprendió el Inca Atahualpa a jugar al ajedrez?

_____

4. ¿Cómo trató de Soto a Atahualpa después del mate contra Riquelme?

_____

5. Según la tradición popular, ¿qué conexión puede haber entre el ajedrez y la muerte de Atahualpa?

_____

_____

Conexión personal

Jot down what you consider the benefits of your favorite game. Then compare your favorite game with that of a partner. Try to persuade your partner of your point of view and convince him or her to try out your game.

Para leer *Manolito Gafotas*

Reading Strategy

RECOGNIZE THE HUMOR While reading the story, pay special attention to Manolito's sense of humor. To do this, fill in the table below. Use as many rows as you need. In the story, find as many examples of humor as you can and write them in the first column. For each example, explain why it is funny (second column) and how it reflects the culture (third column). Consider how humor can differ across cultures.

Ejemplo	¿Por qué es divertido?	¿Qué elemento cultural hay?

What You Need to Know

Manolito is a little boy who lives with his parents and baby brother in a middle-class neighborhood of Madrid. In this selection he relates how he and some of his friends got their nicknames.

Sobre la autora

Elvira Lindo (1962–) nació en Cádiz pero ha vivido en Madrid desde que tenía doce años. Ha escrito guiones *(scripts)* para programas de televisión y también reseñas *(reviews)* de libros para varios periódicos. Se ha destacado por su trabajo en la radio donde ella creó el personaje de Manolito Gafotas. También se ha realizado una película sobre Manolito, dirigida por Miguel Albaladejo.

Sobre los motes

Los motes *(nicknames)*, como se llaman en España, o los apodos, como se llaman en Latinoamérica, se basan en características de la apariencia física o de la personalidad de una persona. El uso de apodos es muy común en los países hispanohablantes y generalmente demuestran cariño. Sin embargo, hay que tener cuidado al usarlos para no ofender a nadie. En la selección que estás a punto de leer, el mote de Manolito, «Gafotas», hace referencia a sus gafas grandes, y el de su amigo, «Orejones», se refiere a sus orejas grandes.

~~~~~~~~~~

Manolito Gafotas

Me llamo Manolito García Moreno, pero si tú entras a mi barrio y le preguntas al primer **tío** que pase:

—Oiga, por favor, ¿Manolito
5 García Moreno?

El tío, una de dos, o se encoge de hombros [1] o te suelta [2]:

---

[1] **se...** shrugs his shoulders
[2] **te...** he says to you

PALABRAS CLAVE
    el tío   *guy*

READING TIP The narrative voice of this selection is that of a little boy, using the turns of phrase and slang expressions common to oral speech. For example, **tío** is not someone's uncle; it is slang for "guy." And **una de dos** is a condensation of "one of two things will happen." It may be helpful for you to read the selection out loud or to at least imagine that a little boy is speaking.

Unidad 6, Lección 1
Manolito Gafotas   67

—Oiga, y a mí qué me cuenta[3].

10 Porque por Manolito García Moreno no me conoce ni el Orejones[4]

15 López, que es mi mejor amigo, aunque algunas veces sea un cochino[5] y un traidor y otras, un cochino traidor, así todo junto y con todas sus letras, pero es mi mejor amigo y mola un pegote[6].

20 En Carabanchel, que es mi barrio, por si no te lo había dicho[7], todo el mundo me conoce por Manolito Gafotas. Todo el mundo que me conoce, claro. Los que no me conocen no saben ni que llevo gafas desde que tenía cinco años.

25 Ahora, que ellos se lo pierden[8]. ❖

Me pusieron Manolito por el **camión** de mi padre y al camión le pusieron Manolito por mi padre, que se llama Manolo. A mi padre le pusieron Manolo por su padre, y así
30 hasta el principio de los tiempos. O sea, que por si no lo sabe Steven Spielberg, el primer dinosaurio Velociraptor se llamaba Manolo, y así hasta nuestros días. Hasta el último Manolito García, que soy yo, el último **mono**.
35 Así es como me llama mi madre en algunos

---

[3] **y...** what's it to me   [4] big ears   [5] pig
[6] **mola...** he really rocks   [7] **por...** in case I hadn't told you
[8] **ellos...** that's their loss

READER'S SUCCESS STRATEGY Jot down the three boys mentioned, their nicknames, and how they got them.

PALABRAS CLAVE
el camión   *truck*   **el mono**   *monkey*

momentos cruciales, y no me llama así porque sea una investigadora de los orígenes de la humanidad. Me llama así 40 cuando está a punto de soltarme[9] una galleta o colleja[10]. A mí me **fastidia** que me llame el último mono, y a ella le fastidia que en el barrio me llamen el Gafotas. Está visto que nos fastidian cosas distintas aunque seamos de la 45 misma familia.

A mí me gusta que me llamen Gafotas. En mi **colegio,** que es el «Diego Velázquez», todo el mundo que es un poco importante tiene un **mote.** Antes de tener un mote yo 50 lloraba bastante. Cuando un chulito[11] se **metía** conmigo en el recreo siempre acababa insultándome y llamándome cuatro-ojos o gafotas. Desde que soy Manolito Gafotas insultarme es una pérdida de tiempo. Bueno, 55 también me pueden llamar Cabezón[12], pero eso de momento no se les ha ocurrido y desde luego[13] yo no pienso **dar pistas.** Lo mismo le pasaba a mi amigo el Orejones López; desde que tiene su mote ahora ya nadie se mete con 60 sus orejas. ✥

....

[9] give me   [10] **una…** a slap
[11] little bully   [12] big head
[13] **desde…** of course

PALABRAS CLAVE
fastidiar *to bother*
el colegio *elementary school*
el mote *nickname*

meterse con alguien *to provoke someone*
dar pistas *to give clues*

Why does Manolito like his nickname? What difference has it made in his life? **(Locate Main Idea)**

CHALLENGE As is common in oral speech, Manolito includes a lot of extraneous information. Sort through the selection and paraphrase four important things Manolito relates about himself. **(Paraphrase)**

El Imbécil es mi hermanito pequeño, el único que tengo. A mi madre no le gusta que le llame El Imbécil; no hay ningún mote que a ella le **haga gracia.** Que conste [14] que yo se lo
65 empecé a llamar sin darme cuenta. No fue de esas veces que te pones a pensar con los puños sujetando [15] la cabeza porque te va a estallar [16].

Me salió el primer día que nació. Me llevó mi abuelo al hospital; yo tenía cinco años;
70 me acuerdo porque acababa de **estrenar** mis primeras gafas y mi vecina la Luisa siempre decía: «Pobrecillo, con cinco años.» ❧

MÁRCALO ⟩ GRAMÁTICA
Read the boxed text and circle the examples of the present perfect that you find. (One of the verbs is in the present perfect subjunctive.)

Bueno, pues me acerqué a la cuna [17] y le fui a abrir un ojo con la mano [...] Yo fui a
75 hacerlo con mi mejor intención y el tío se puso a llorar con ese llanto [18] tan falso que tiene. Entonces todos se me echaron encima [19] [...] y pensé por primera vez: «¡Qué imbécil!», y es de esas cosas que ya no se te quitan de la
80 cabeza. Así que nadie me puede decir que le haya puesto el mote aposta [20]; ha sido él, que ha nacido para molestar y se lo merece.

[14] **Que...** let me just say
[15] **con...** fists pressing   [16] explode
[17] cradle   [18] cry
[19] **todos...** everybody jumped on me
[20] on purpose

PALABRAS CLAVE
hacerle gracia a alguien   *to make someone laugh*
estrenar   *use for the first time; premiere*

Vocabulario de la lectura

Palabras clave

el camión *truck*

el colegio *elementary school*

dar pistas *to give clues*

estrenar *to use for the first time;*
  premiere

fastidiar *to bother*

hacerle gracia a alguien *to make*
  someone laugh

meterse con alguien *to provoke*
  someone

el mono *monkey*

el mote *nickname*

el tío *guy*

A. Empareja la palabra con la pista.

el tío, el camión, el mono, el colegio, el mote

1. el lugar donde Manolito estudia   _____

2. el origen del nombre de Manolito   _____

3. lo que la madre de Manolito lo llama a veces   _____

4. un hombre   _____

5. un nombre especial para alguien   _____

B. Completa cada oración con una forma correcta del verbo o la expresión apropiada.

1. Miguel no quiere _____ a sus amigos para un apodo menos simpático.

2. A la mamá de Manolito no le _____ los motes.

3. Manolito _____ sus primeras gafas a los cinco años.

4. A la mamá de Manolito le _____ que Manolito llame a su hermanito «El Imbécil».

5. Nadie _____ con las orejas del amigo de Manolito ahora que su mote es «Orejones».

¿Comprendiste?

1. ¿Por qué nombre conoce todo el mundo a Manolito?

_____

2. Según Manolito, ¿cuál es la ventaja *(advantage)* de un mote?

_____

3. ¿Qué pasó cuando el amigo de Manolito recibió su mote?

_____

4. ¿Cómo le puso Manolito el mote a su hermanito?

_____

_____

5. ¿Qué opina la mamá de Manolito de los motes?

_____

Conexión personal

¿Qué opinas tú sobre los motes?
¿Estás de acuerdo con Manolito
sobre las ventajas de tener un mote?
¿Piensas que los motes pueden
causar problemas?

Yo pienso que lo motes son...

Para leer   *Romance sonámbulo*

Reading Strategy

INTERPRET THE IMAGES This poem is filled with beautiful and
sometimes shocking images, some of which have a deeper meaning.
To interpret the images, draw a circle for each image and write García
Lorca's words for the image. Inside, draw a smaller circle and write what
you think the deeper meaning might be. Draw as many circles as you
need on a separate sheet of paper.

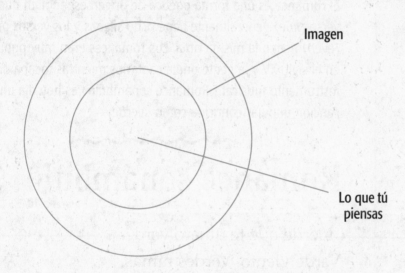

Imagen

Lo que tú
piensas

What You Need to Know

Spain's terrible four-year civil war lasted from 1936 to 1939 and
claimed many victims, including Federico García Lorca. This poem
tells the story of a wounded soldier who has returned to his village
in hopes of seeing his loved one for the last time, and dying
peacefully in his bed.

READER'S SUCCESS STRATEGY To better understand the poem, jot down who is speaking and to whom or about whom in each section.

A pensar...

Why do you think "she can't look at them"? **(Infer)**

_____

_____

_____

_____

_____

READING TIP The poem is a mix of dialogue, actions, and descriptions. As you read, try to identify whether each section is dialogue, action, or description.

Sobre el autor

Federico García Lorca (1898–1936) nació en Fuente Vaqueros, en la provincia de Granada, España. Era poeta y dramaturgo, y sus obras dramáticas revolucionaron el mundo del teatro. En poesía se destacó con el *Romancero gitano,* una colección de poemas publicada en 1928 que hablan del amor y de la política española. En «Romance sonámbulo», el poeta describe la llegada de un soldado *(soldier)* herido que regresa de la guerra.

Sobre el romance

El romance es una forma poética de origen español en que cada verso *(line)* generalmente tiene ocho sílabas y los versos pares *(even)* tienen la misma rima. Los romances eran muy populares en el siglo XV y la gente podía cantarlos mientras tocaba un instrumento musical. «Romance sonámbulo» es hoy día una canción popular conocida como «Verde».

Romance sonámbulo

Verde que te quiero verde.
Verde viento. Verdes ramas.
El barco sobre la mar
y el caballo en la montaña.
5 Con la sombra en la cintura,
ella sueña en su **baranda,**
verde carne, pelo verde,
con ojos de fría plata.
Verde que te quiero verde.
10 Bajo la luna gitana
las cosas la están mirando
y ella no puede mirarlas. ❖

PALABRAS CLAVE
la baranda   *railing*

Verde que te
quiero verde.
15 Grandes estrellas
de escarcha[1]
vienen con el pez
de sombra

El flautista *(1955), Remedios Varo*

que abre el camino del alba.
20 La higuera frota[2] su viento
con la lija[3] de sus ramas,
y el monte, gato garduño[4],
eriza[5] sus pitas[6] agrias.

Pero ¿quién vendrá? ¿Y por dónde?...
25 Ella sigue en su baranda,
verde carne, pelo verde,
soñando en la mar amarga. ❖

—**Compadre,** quiero cambiar
mi caballo por su casa,
30 mi montura[7] por su espejo,
mi cuchillo por su manta.
Compadre, vengo sangrando,
desde los puertos de Cabra[8].
—Si yo pudiera, **mocito,**
35 este trato se cerraba.
Pero yo ya no soy yo,
ni mi casa es ya mi casa.
—Compadre, quiero morir

---

[1] frost   [2] rubs   [3] sandpaper   [4] thief
[5] stands on end, raises   [6] green plants with spiny leaves
[7] saddle   [8] a town in Spain

PALABRAS CLAVE
soñar con   *to dream about*   **el mocito**   *young man*
el compadre   *intimate friend*

A pensar...

1. What does the soldier want
to do and how does his
compadre react? In your
opinion, why? (**Summarize,
State an Opinion**)

2. The poem contains many
images of nature. As you
read, try to visualize these
elements. (**Visualize**)

decentemente en mi cama.

40 De acero[9], si puede ser,

con las sábanas de holanda[10].

¿No ves la **herida** que tengo

desde el pecho a la garganta?

　　　—Trescientas rosas morenas

45 lleva tu pechera[11] blanca.

Tu sangre **rezuma** y huele

alrededor de tu faja[12].

Pero yo ya no soy yo,

ni mi casa es ya mi casa.

50 —Dejadme subir al menos

hasta las altas barandas,

¡dejadme subir!, dejadme

hasta las verdes barandas.

Barandales de la luna

55 por donde retumba[13] el agua.

Ya suben los dos compadres

hacia las altas barandas.

Dejando un rastro de sangre.

Dejando un rastro de lágrimas.

60 Temblaban en los tejados[14]

farolillos[15] de hojalata[16].

Mil panderos[17] de cristal

herían la madrugada. ✤

　　　Verde que te quiero verde,

65 verde viento, verdes ramas.

---

[9] steel　　[10] fine cotton　　[11] shirt front　　[12] sash
[13] rumbles　　[14] roof tiles　　[15] lanterns　　[16] tin
[17] large tambourines

PALABRAS CLAVE

decentemente *decently, honorably*　　　**la herida** *wound*

rezumar *to exude, to leak*

Los dos compadres
subieron.
El largo viento dejaba
en la boca un raro gusto

70 de hiel[18], de menta y de
albahaca[19].
—¡Compadre! ¿Dónde
está, dime,
dónde está tu niña **amarga?**
75 —¡Cuántas veces te esperó!
—¡Cuántas veces te esperara,
cara fresca, negro pelo,
en esta verde baranda! ❀
Sobre el rostro[20] del **aljibe**
80 se mecía[21] la **gitana**.
Verde carne, pelo verde,
con ojos de fría plata.
Un carámbano[22] de luna
la sostiene sobre el agua.
85 La noche se puso íntima
como una pequeña plaza.
Guardias civiles[23] borrachos[24]
en la puerta golpeaban.
Verde que te quiero verde.
90 Verde viento. Verdes ramas.
El barco sobre la mar
Y el caballo en la montaña.

---

[18] **gusto...** taste of bile   [19] basil   [20] face   [21] **se...** rocked
[22] icicle   [23] **Guardias...** policemen   [24] drunken

CHALLENGE Reread the last verse and summarize what you think happens. What images does the poet include and what do you think they imply? **(Summarize, Infer)**

PALABRAS CLAVE
amargo(a) *bitter*   **la gitana** *gypsy*
el aljibe *well*

Vocabulario de la lectura

Palabras clave

el aljibe *well*

amargo(a) *bitter*

la baranda *railing*

el compadre *intimate friend*

decentemente *decently, honorably*

la gitana *gypsy*

la herida *wound*

el mocito *young man*

rezumar *to exude, to leak*

soñar con *to dream about*

A. Decide si las palabras son similares o diferentes en significado.

1. herir / curar   SIMILARES   DIFERENTES

2. el aljibe / el pozo   SIMILARES   DIFERENTES

3. soñar / imaginar   SIMILARES   DIFERENTES

4. compadre / amigo   SIMILARES   DIFERENTES

5. mocito / viejito   SIMILARES   DIFERENTES

B. Completa cada oración con la forma apropiada de una de las **palabras clave.**

1. La mocita pasaba mucho tiempo mirando el pueblo desde

   la _____ de su balcón.

2. El joven soldado quería morir _____ en su cama.

3. Durante la guerra, el mocito _____ su novia en el pueblo.

4. La sangre del muchacho _____ por su camisa.

5. En España las _____ tienen fama de saber el futuro.

¿Comprendiste?

1. ¿Quiénes son los personajes del poema?

_____

_____

2. ¿Cómo usa Lorca la naturaleza del poema?

_____

3. ¿Cuál es la relación entre el mocito, «ella» y el compadre?

_____

_____

4. ¿Qué crees que le pasó al mocito, a «ella» y al compadre?

_____

_____

5. ¿Qué crees que simbolizan las imágenes de la gitana?

_____

Conexión personal

Piensa en algún momento de tu vida en que hayas ido en busca de algo o de alguien y no lo encontraste. ¿Qué buscabas? ¿Qué obstáculos te lo impedían? ¿Cómo se resolvió la situación? ¿Cómo te hizo sentir? Puedes referirte a personas, objetos o logros personales.

Para leer   *La luz es como el agua*

Reading Strategy

FIND THE "FANTASTIC" ELEMENTS   Gabriel García Márquez is
known for the "fantastic" and "magical" elements in his stories.
In the first column of the chart below, write the ordinary elements.
In the second column write the fantastic or magical elements.

Elementos comunes	Elementos fantásticos o mágicos

What You Need to Know

In this magical story, Gabriel García Márquez explores the extraordinary
powers of two children's imagination. They have convinced their parents
to buy them a boat for their apartment in landlocked Madrid, but what can
they possibly do with it? This story demonstrates the master of magical
realism's ability to blend realism and fantasy both seamlessly and playfully.

APUNTES

Sobre el autor

Gabriel García Márquez (1928–) nació en Aracataca, Colombia. Su obra más famosa, *Cien años de soledad,* se publicó en 1967. En 1982 García Márquez ganó el premio Nobel de literatura. Sus novelas y cuentos muestran una mezcla de fantasía y realismo donde muchas veces lo fantástico parece completamente normal.

Sobre el realismo mágico

El realismo mágico es una forma de ficción donde los elementos fantásticos aparecen junto a cosas reales. Todos los personajes de la obra aceptan estos elementos como realidad. Se asocia el realismo mágico con Gabriel García Márquez porque, según la mayoría de los críticos, su libro *Cien años de soledad* es considerado como una de las obras más importantes de este estilo.

La luz es como el agua

En Navidad los niños volvieron a pedir un bote de remos.

—De acuerdo —dijo el papá—, lo compraremos cuando volvamos a Cartagena.

5 Totó, de nueve años y Joel, de siete, estaban más decididos de lo que sus padres creían.

—No —dijeron a coro—, nos hace falta ahora y aquí.

—Para empezar —dijo la madre—, aquí no 10 hay más aguas navegables que la que sale de la ducha.

Tanto ella como el esposo tenían razón. En la casa de Cartagena de Indias había un patio con un **muelle** sobre la bahía[1], y un refugio

READER'S SUCCESS STRATEGY As you read, jot down each thing the children wanted and how they achieved it.

para dos yates grandes. En cambio[2], aquí en
15 Madrid vivían apretujados[3] en el piso quinto
del número 47 del Paseo de la Castellana.
Pero al final ni él ni ella pudieron negarse,
porque les habían prometido[4] un **bote de
remos** con su sextante[5] y su **brújula** si se
20 ganaban el laurel[6] del tercer año de primaria,
y se lo habían ganado. Así que el papá compró
todo sin decirle nada a su esposa, que era la
más **reacia** a pagar deudas[7] de juego. Era un
precioso bote de aluminio con un hilo[8] dorado
25 en la línea de flotación. ❖

—El bote está en el garaje —reveló el papá
en el almuerzo—. El problema es que no
hay cómo subirlo ni por el ascensor ni por la
escalera, y en el garaje no hay más espacio
30 disponible[9].

Sin embargo, la tarde del sábado siguiente

---

[1] bay   [2] **En…** on the other hand
[3] squeezed   [4] promised   [5] sextant
[6] laurel wreath, a prize for excellence   [7] debts
[8] thin line   [9] available

PALABRAS CLAVE
el muelle *pier*   **la brújula** *compass*
el bote de remos *rowboat*   **reacio(a)** *reluctant*

los niños invitaron a sus **condiscípulos** para subir el bote por las escaleras, y lograron llevarlo hasta el cuarto de servicio.

35 —Felicitaciones —les dijo el papá— ¿Y ahora qué?

—Ahora nada —dijeron los niños—. Lo único que queríamos era tener el bote en el cuarto, y ya está[10].

40 La noche del miércoles, como todos los miércoles, los padres se fueron al cine. Los niños, dueños y señores[11] de la casa, cerraron puertas y ventanas, y rompieron la **bombilla** encendida de una lámpara de la sala. Un 45 **chorro** de luz dorada y fresca como el agua empezó a salir de la bombilla rota, y lo dejaron correr hasta que el nivel llegó a cuatro palmos[12]. Entonces **cortaron** la **corriente**, sacaron el bote, y navegaron a placer[13] por 50 entre las islas de la casa. ✤

Esta aventura fabulosa fue el resultado de

---

[10] **ya...** that's it   [11] **dueños...** lords and masters
[12] palm (a measure of length)   [13] **a...** as they pleased

READING TIP One type of magical realism is grounded in a single fantastic element from which everything else develops logically. As you read, identify the fantastic element of this story, and jot down the logical events that stem from it.

Fantastic element:

Logical events:

PALABRAS CLAVE
el condiscípulo *classmate*
la bombilla *lightbulb*
el chorro *stream of liquid*
cortar *to turn off*
la corriente *current*

MÁRCALO **GRAMÁTICA**
Review the uses of the
imperfect and the preterite. In
the boxed text, circle the verbs
in the imperfect and underline
the verbs in the preterite tense.

A pensar...

What do you imagine will
happen next? **(Predict)**

_____

_____

_____

_____

_____

_____

CHALLENGE Jot down all the
cause and effect relationships
you can identify in the story.
(Cause and Effect)

_____

_____

_____

_____

_____

_____

_____

_____

una ligereza[14] mía cuando participaba en un seminario sobre la poesía de los utensilios domésticos. Totó me preguntó cómo era que 55 la luz se encendía con sólo apretar un botón, y yo no tuve el valor de pensarlo dos veces.

—La luz es como el agua —le contesté—: uno abre el grifo, y sale.

De modo que siguieron navegando los 60 miércoles en la noche, aprendiendo el **manejo** del sextante y la brújula, hasta que los padres regresaban del cine y los encontraban dormidos como ángeles de tierra firme[15]. Meses después, ansiosos de ir más lejos, 65 pidieron un equipo de pesca submarina. Con todo: máscaras, aletas[16], tanques y escopetas de aire comprimido[17].

---

[14] lighthearted comment [15] **tierra...** dry land [16] fins
[17] **escopetas...** compressed air harpoon guns

PALABRAS CLAVE
el manejo _handling_

Vocabulario de la lectura

Palabras clave

la bombilla *lightbulb*

el bote de remos *rowboat*

la brújula *compass*

el condiscípulo *classmate*

cortar *to turn off*

la corriente *current*

el chorro *stream of liquid*

el manejo *handling*

el muelle *pier*

reacio(a) *reluctant*

A. Escribe la **palabra clave** para cada definición.

1. grupo de estudiantes con quienes estudias _____

2. un instrumento que siempre indica la dirección norte _____

3. apagar o cerrar _____

4. una construcción de piedra, hierro o madera, construida en la orilla del

mar o de un río _____

5. la manera de usar o emplear algo _____

B. Completa el párrafo con las **palabras clave** apropiadas.

Aunque la mamá de los niños era _____ a la hora de pagar
                                              (1)

deudas, los niños habían ganado el laurel en el colegio y los padres tenían la

obligación de cumplir lo que habían prometido. Por eso, un día el papá les

compró a los niños un hermoso _____ como ellos querían.
                                          (2)

El miércoles, cuando los padres fueron al cine, los niños rompieron

una _____ para que saliera un _____ de luz con el
         (3)   (4)

que llenaron el apartamento para poder navegar. Después de un par de

horas, los niños cortaron la _____ y la luz/el agua desapareció
                                      (5)

antes de que volvieran los padres a casa.

¿Comprendiste?

1. ¿En qué época del año ocurre el cuento?

_____

2. ¿Qué gran diferencia geográfica hay entre Cartagena y Madrid?

_____

3. ¿Cómo suben los niños el bote a su apartamento?

_____

4. ¿Cómo solucionan los niños el problema de la falta de aguas navegables?

_____

5. ¿Por qué pidieron los niños el equipo de pesca submarina?

_____

Conexión personal

¿Qué cosas imaginabas cuando eras pequeño(a)? ¿Hasta qué punto figuraba la magia o lo fantástico en tu imaginación? Escribe un cuento sobre algo que imaginabas o un juego que jugabas cuando eras niño(a). Incorpora al menos un elemento fantástico en tu relato.

_____

_____

_____

_____

_____

_____

_____

_____

_____

_____

_____

_____

Para leer   *El esqueleto de visita*

Reading Strategy

USE SHAPES TO HELP YOU UNDERSTAND In the square, write any normal, unsurprising things you read in the story. In the starburst, write any unusual, surprising things from the story.

What You Need to Know

In cultures throughout the Spanish-speaking world, as in the United States, a skeleton can be a frightening figure, most often portrayed as a symbol of death. In this deceptively lighthearted magical realist story, a man who befriends a skeleton finds him less than frightful. Through the encounter, the author examines the nature of prejudice.

READING TIP Take a moment to visualize each scene in the story to help you appreciate the humor of the situation and the full impact of the skeleton's presence.

APUNTES

▌▐ **MÁRCALO** ⟩ **GRAMÁTICA**
Read the boxed text and underline the examples of imperfect subjunctive.

APUNTES

Sobre el autor

Evelio Rosero Diago (1958–) nació en Bogotá e hizo sus estudios universitarios allí. Trabaja como periodista y autor y ha publicado novelas, una novela corta, cuentos y literatura juvenil. En 1992 ganó el Premio Nacional de Literatura.

Nota cultural

En la literatura latinoamericana existe una gran tradición de narrar historias en que se mezclan elementos de la realidad cotidiana con elementos mágicos. En este cuento un hombre se encuentra con un esqueleto vivo, al que invita a tomar chocolate. El autor utiliza las situaciones que les pasan al hombre y al esqueleto como un símbolo de la importancia de la tolerancia en la sociedad.

El esqueleto de visita

Un día conocí un esqueleto, en el parque. Estaba sentado en un banco de piedra, rodeado[1] de palomas blancas, y sonreía, pensativo. Me pareció muy raro encontrar un esqueleto en
5 pleno[2] parque, dando de comer a las **palomas,** y tan **risueño** y tranquilo, como si se acordara de una broma[3], solitario, en mitad de la tarde [...] Me dijo que no tenía nombre. «Ningún esqueleto lo tiene», dijo, y cuando el sol desapareció
10 detrás de las nubes[4] rojizas, se lamentó del frío. Sus dientes **castañeaban.** Se puso de pie y me propuso[5] que fuéramos a tomar una tacita[6] de chocolate, en cualquier[7] lugar.

....

[1] surrounded [2] **en...** in the middle of
[3] **como...** as if he were remembering a joke [4] clouds
[5] proposed [6] mug [7] any

PALABRAS CLAVE
la paloma *pigeon, dove*   **castañear** *to chatter*
risueño(a) *smiling, cheerful*

Al fin encontramos un restaurante que
15 anunciaba: Chocolate caliente a toda hora.
Al entrar muchos comensales quedaron
boquiabiertos. Algunas señoras gritaron; una
de las meseras[8] dejó caer una bandeja repleta
de tazas[9].

....

20 «¿Qué pasa?» pregunté, abochornado[10],
aunque ya **adivinaba** a qué se debía aquel
alboroto. «¿Quién es ése?», me respondieron a
coro, señalando[11] a mi amigo.

«Perdón —dijo él—. Yo puedo presentarme
25 solo. Soy un esqueleto. Tengan todos muy
buenas tardes».

«Oh —**se asombró** una señora, que llevaba
un perrito faldero[12], de pelo amarillo, adornado
con un collar de diamantes—. No puede ser.
30 Un esqueleto que habla».

«Pues sí —dijo mi amigo, encogiendo los
omóplatos[13]. En realidad todos los esqueletos
hablamos». ✿

....

---

[8] waitresses   [9] **una...** a tray with many mugs
[10] embarrassed   [11] pointing   [12] **perrito...** lap dog
[13] **encogiendo...** shrugging his shoulder blades

PALABRAS CLAVE

boquiabierto(a) *mouth agape*	**el alboroto** *uproar*	
adivinar *to guess*	**asombrarse** *to be surprised*	

Levantó el dedo
índice y pidió a la
rubia mesera dos
tacitas de
chocolate. «Por favor,
sea amable». Y sin
embargo la mesera nos **susurró** que tenía
órdenes expresas de no atendernos, y que
incluso el dueño del restaurante exigía que nos
fuéramos inmediatamente.

«Pero si aquí hay chocolate a toda hora»,
dije.

«Sí —me respondió ella—. Pero no hay
chocolate a toda hora para ustedes». ❖

«Lo suponía —terció[14] mi amigo el
esqueleto—. Siempre ocurre lo mismo:
desde hace mil años no he logrado que me
ofrezcan una sola tacita de chocolate». Y **nos
incorporamos,** para marcharnos[15].

Bueno, lo cierto es que yo me preguntaba
cómo haría el esqueleto para beber su tacita
de chocolate [...] Pero preferí guardar ese
misterio: me parecía **indiscreto,** fuera de tono,
preguntar a mi amigo sobre eso. Le dije, por el
contrario: «¿Por qué no vamos a mi casa? Lo
invito a tomar chocolate».

[14] intervened   [15] leave

PALABRAS CLAVE
susurrar   *to whisper*   indiscreto(a)   *impolite*
incorporarse   *to stand up*

60 «Gracias —dijo, con una breve venia[16]—. Una persona como usted no se encuentra fácilmente, ni en trescientos años».

Y así nos pusimos en camino hasta mi casa, que no quedaba lejos.

....

65 Llegamos a casa cuando anochecía.

Mi mujer abrió la puerta y pegó un alarido[17].

— Tranquila —dije—, es solamente nuestro amigo el esqueleto de visita.

....

70 Propuse mientras tanto a nuestro amigo que jugáramos un partido de ajedrez. «Oh, sí —dijo—, no hace mucho jugué con Napoleón y lo vencí[18]». Y ya disponíamos[19] las fichas sobre el tablero[20], contentos y sin prisa, en el calor 75 de los cojines[21] de la sala, y con la promesa alentadora[22] de una tacita de chocolate, cuando vi que mi mujer me hacía una angustiosa seña[23] desde la cocina.

....

---

[16] nod
[17] **pegó...** let out a wail
[18] I defeated
[19] we were arranging
[20] board
[21] cushions
[22] encouraging
[23] gesture

Do you think there really is
no chocolate in the kitchen?
Why do you think that? **(Make
Judgments)**

_____

_____

_____

_____

_____

CHALLENGE Compare
and contrast the narrator's
relationship with the skeleton
and the other interactions
the skeleton has or describes
having had with people.
(Compare and Contrast)

_____

_____

_____

_____

_____

_____

_____

_____

_____

_____

_____

_____

_____

       Ella me explicó enfurruñada[24] que no
80 había chocolate en la alacena[25] [...] Yo ya
    iba a responder cuando, detrás nuestro,
    sentimos la fría pero amigable presencia del
    esqueleto. «No se preocupen por mí —dijo,
    preocupadísimo [...] Ya es costumbre para
85 mí. Ésta es una época difícil para el mundo.
    Pero no se preocupen, por favor. Además,
    debo irme. Acabo de recordar que hoy tengo
    la oportunidad de viajar a la Argentina, y
    debo acudir[26]. Ustedes perdonen. Fueron muy
90 formales. Muy gentiles.

_____

[24] sulkily   [25] pantry   [26] go

Vocabulario de la lectura

Palabras clave

adivinar *to guess*
el alboroto *uproar*
asombrarse *to be surprised*
boquiabierto(a) *mouth agape*
castañear *to chatter*

incorporarse *to stand up*
indiscreto(a) *impolite*
la paloma *pigeons, dove*
risueño(a) *smiling, cheerful*
susurrar *to whisper*

A. Empareja la **palabra clave** con su definición.

risueño, susurrar, asombrarse, incorporarse, palomas

1. sorprenderse _____

2. con una expresión de alegría _____

3. levantarse _____

4. pájaros comunes en las ciudades y parques _____

5. hablar en voz baja _____

B. Completa cada oración con la forma apropiada de una **palabra clave.**

1. Cuando se bajó el sol, el esqueleto empezó a sentir frío y sus

dientes empezaron a _____.

2. Cuando el narrador y su amigo el esqueleto entraron al restaurante,

los comensales se quedaron _____ de sorpresa.

3. El _____ continuó cuando el narrador y el esqueleto se
sentaron y pidieron su chocolate.

4. El narrador no pudo _____ cómo el esqueleto iba a tomar un
chocolate porque no tenía ni garganta ni estómago.

5. El narrador no hizo sus preguntas al esqueleto porque le parecían un

poco _____.

¿Comprendiste?

1. ¿Cómo se conocieron el narrador y el esqueleto?

_____

2. ¿Por qué el esqueleto invitó al narrador a tomar un chocolate?

_____

3. ¿Qué ocurrió en el restaurante?

_____

4. ¿Qué pasó en casa del narrador?

_____

_____

5. ¿Cómo reaccionó el esqueleto al final?

_____

_____

Conexión personal

¿Has tenido alguna experiencia en que tus amigos o familia rechazaron a un(a) amigo(a) tuyo(a)? ¿Has sufrido algún rechazo tú? Escribe un breve ensayo o cuento para relatar tus experiencias.

_____

_____

_____

_____

_____

_____

_____

_____

_____

_____

_____

Para leer   *Ardiente paciencia*

Reading Strategy

GUESS THE MEANING FROM THE CONTEXT When you encounter a new expression, think: Do I already know an expression like it in Spanish or English? Also, pay attention to expressions of emotion or intensity. Read the sentence or paragraph as a whole to get a general sense of the meaning. You can use the table below to help you. Don't write down every new expression, only the ones you have trouble with.

Expresión nueva	Expresiones parecidas en inglés o en español	Expresiones de emoción
cartero	carta	tristeza
extrajo	extract	alarmante

What You Need to Know

Mario Jiménez wants to understand poetry and express his own ideas but despairs of ever becoming a poet like his idol, Neruda. After delivering the poet's mail, Mario overcomes his shyness and engages the poet in conversation. During this delightful exchange between the two men about metaphor and rhythm, Mario discovers his innate poetic sense.

Sobre el autor

Antonio Skármeta (1940–) nació en Antofagasta, Chile, y estudió en la Universidad de Chile y en Columbia University. Ha escrito novelas, libros de Cuentos y literatura infantil. Su obra más famosa es la novela *Ardiente paciencia (El cartero de Neruda)*, que se adaptó al cine para hacer la película italiana *Il postino (El cartero)*. Skármeta fue embajador chileno en Alemania entre 2000 y 2003. Ahora vive otra vez en Chile, donde se dedica solamente a la literatura.

Sobre Pablo Neruda

Ardiente paciencia describe las conversaciones entre el famoso poeta chileno Pablo Neruda y su cartero mientras el poeta vive en Italia. En realidad, Neruda nunca vivió en Italia, aunque viajó por Europa y vivió en España por varios años. En 1971 Pablo Neruda ganó el premio Nobel de literatura.

Ardiente paciencia

Neruda arremetió[1] con su bolsillo[2] y extrajo un billete del rubro[3] «más que regular». El cartero dijo «gracias», no tan **acongojado** por la suma como por la inminente despedida. Esa
5 misma tristeza pareció inmovilizarlo hasta un grado alarmante. El poeta, que se **disponía** a entrar, no pudo menos que[4] interesarse por una inercia tan pronunciada. ❧

---

[1] fought, struggled   [2] pocket   [3] category
[4] **no pudo...** couldn't help but

PALABRAS CLAVE
acongojarse *to become distressed*

disponerse a *to get ready to*

READER'S SUCCESS STRATEGY This selection presents a rapid dialogue between the poet Neruda and Mario. To better follow the conversation, indicate the speaker next to each line.

—¿Qué te pasa?

10 —¿Don Pablo?

—Te quedas ahí parado como un poste.

Mario torció[5] el cuello y buscó los ojos del poeta desde abajo:

—¿Clavado[6] como una lanza?

15 —No, **quieto** como torre de ajedrez.

—¿Más tranquilo que gato de porcelana?

Neruda soltó la manilla del portón[7], y se acarició la barbilla[8].

—Mario Jiménez, aparte de *Odas elementales*, 20 tengo libros mucho mejores. Es indigno que me **sometas** a todo tipo de comparaciones y metáforas.

—¿Don Pablo?

—¡Metáforas, hombre!

25 —¿Qué son esas cosas?

El poeta puso una mano sobre el hombro del muchacho.

—Para aclarártelo[9] más o menos imprecisamente, son modos de decir una cosa 30 comparándola con otra.

—Déme un ejemplo.

---

[5] twisted   [6] driven in   [7] large door
[8] chin   [9] explain it to you

PALABRAS CLAVE
quieto *still, unmoving*   **someter** *to submit someone to*

Remember the difference between a metaphor and a simile. A metaphor refers to one thing by the name or characteristics of another. A simile is a comparison of one thing to another using *like* or *as* (**como**). Underline the metaphors and circle the similes in the boxed text here and on the next page.

APUNTES

Neruda miró su reloj y **suspiró.**

—Bueno, cuando tú dices
que el **cielo** está llorando.

35 ¿Qué es lo que quieres decir?

—¡Qué fácil! Que está lloviendo, pu'[10].

—Bueno, eso es una metáfora. ❖

....

—¡Claro que me gustaría ser poeta!

—¡Hombre! En Chile todos son poetas. Es
40 más original que sigas siendo cartero. Por lo
menos caminas mucho y no engordas[11]. En
Chile todos los poetas somos guatones[12].

Neruda retomó la manilla de la puerta, y se
disponía a entrar, cuando Mario, mirando el
45 vuelo de un pájaro invisible, dijo:

—Es que si fuera poeta podría decir lo que
quiero.

—¿Y qué es lo que quieres decir?

—Bueno, ése es justamente el problema.
50 Que como no soy poeta, no puedo decirlo.

....

---

[10] informal pronunciation of *pues*
[11] gain weight   [12] overweight

A pensar...

Do you agree or disagree with
Mario that only poets can really
say what they mean? Why?
(Evaluate)

PALABRAS CLAVE
suspirar *to sigh*   **el cielo** *sky, heaven*

—Si quieres ser poeta, comienza por pensar caminando.

55 ¿O eres como John Wayne, que no podía caminar y mascar[13] chiclets al mismo tiempo? Ahora te vas a la
60 caleta[14] por la playa y, mientras observas el movimiento del mar, puedes ir inventando metáforas.

—¡Déme un ejemplo!

—Mira este poema: «Aquí en la isla, el mar,
65 y cuánto mar. Se sale de sí mismo a cada rato. Dice que sí, que no, que no. Dice que sí, en azul, en espuma[15], en galope[16]. Dice que no, que no. No puede estarse quieto[17]. Me llamo mar, repite **pegando** en una piedra sin lograr convencerla.
70 Entonces con siete lenguas verdes, de siete tigres verdes, de siete perros verdes, de siete mares verdes, la recorre, la besa, la humedece[18], y se golpea el pecho[19] repitiendo su nombre.»
—Hizo una pausa satisfecho—. ¿Qué te parece?

75 —Raro.

—«Raro.» ¡Qué crítico más severo que eres!

—No, don Pablo. Raro no lo es el poema.

---

[13] chew   [14] inlet   [15] foam   [16] gallop
[17] still   [18] **la...** surrounds it, kisses it, moistens it
[19] **se...** beats its chest

PALABRAS CLAVE
pegar to strike

READING TIP As you read the poem Neruda recites, "*Oda al mar,*" notice how Neruda animates the sea, giving it qualities of animals and human beings. Jot down the animal and human characteristics Neruda uses to bring the sea to life.

What feature of the poem is Mario trying to describe? Read the poem out loud several times and decide if you agree or not with his assessment. Explain. **(Draw Conclusions, Make Judgments, Evaluate)**

CHALLENGE Mario claims his metaphor doesn't count because it popped out by coincidence. Neruda counters that all images occur by coincidence. Use your own experiences and what you have read in the story to decide who you agree with and why. **(Synthesize)**

Raro es como yo me sentía cuando usted recitaba el poema.

80 —Querido Mario, a ver si te **desenredas** un poco, porque no puedo pasar toda la mañana disfrutando de tu charla.

—¿Cómo se lo explicara? Cuando usted decía el poema, las palabras iban de acá pa'llá.

85 —¡Como el mar, pues!

—Sí, pues, se movían igual que el mar.

—Eso es el ritmo.

—Y me sentí raro, porque con tanto movimiento me marié[20].

90 —**Te mareaste**.

—¡Claro! Yo iba como un barco temblando en sus palabras.

Los párpados[21] del poeta se despegaron[22] lentamente.

95 —«Como un barco temblando en mis palabras.»

—¡Claro!

—¿Sabes lo que has hecho, Mario?

—¿Qué?

100 —Una metáfora.

—Pero no vale, porque me salió de pura **casualidad**, no más.

—No hay imagen que no sea casual, hijo.

---

[20] mispronunciation of *mareé*   [21] eyelids   [22] lifted

PALABRAS CLAVE
desenredarse *to untangle oneself*

marearse *to get dizzy or seasick*
la casualidad *coincidence*

Vocabulario de la lectura

Palabras clave

acongojarse *to become distressed*
la casualidad *coincidence*
el cielo *sky, heaven*
desenredarse *to untangle oneself*
disponerse a *to get ready to*

marearse *to get dizzy or seasick*
pegar *to strike, to hit*
quieto *still, unmoving*
someter *to submit someone to*
suspirar *to sigh*

A. Di quién hizo lo siguiente, ¿Neruda o Mario?

1. Se dispuso a entrar en la casa. _____

2. Sometió al otro a todo tipo de _____
   metáforas y comparaciones.

3. Suspiró de frustración con el otro. _____

4. Se mareó escuchando un poema. _____

5. Se tuvo que desenredar para explicar _____
   sus ideas.

B. Completa cada oración con la palabra apropiada.

1. Mario _____ cuando pensó que iba a perder la oportunidad
   de conversar con Neruda.

2. Mario se quedó esperando, _____ como un poste.

3. Una metáfora para decir que está lloviendo es que

   el _____ está llorando.

4. Según Neruda, las imágenes poéticas se le ocurren al poeta

   por _____.

5. El poema dice que el mar _____ en una piedra.

¿Comprendiste?

1. ¿Cómo explica el autor lo que es una metáfora?

_____

2. ¿Qué descubrió Mario cuando Neruda recitó su poema sobre el mar?

_____

3. ¿Cómo describirías la relación entre Mario y Neruda? Explica tu opinión, usando ejemplos de la lectura.

_____

_____

4. ¿Por qué crees que «los párpados del poeta se despegaron lentamente» cuando Mario dijo que «iba como un barco temblando en sus palabras»?

_____

5. ¿Qué crees que Neruda quiere decir en la última línea de la selección?

_____

Conexión personal

Escribe un poema sobre el tema que tú quieras. Usa al menos tres metáforas o símiles en tu poema. Si es apropiado, usa el ritmo para crear otra imagen del tema como hizo Neruda en «*Oda al mar*».

_____

_____

_____

_____

_____

_____

_____

_____

_____

Para leer   *Colón agarra viaje a toda costa*

Reading Strategy

ANALYZE THE ACTION Break down this play excerpt into parts. Summarize the action in each part. Use as many rows as you need for each part.

Parte 1	Parte 2	Parte 3	Parte 4
Colón lee el mensaje en la botella.			
El mensaje dice que debe ir a ver a los reyes.			

What You Need to Know

Columbus reached the islands of the Caribbean on his first crossing of the Atlantic, the journey featured in this play. After this initial success, Columbus sailed to the New World three more times, although he never set foot on the North American continent. The later voyages were not as successful as the first. On his third trip, he was replaced as viceroy of the Indies because of his poor management. He disobeyed royal orders when he set out on his fourth Atlantic crossing.

Sobre la autora

Adela Basch (1946–) nació en Buenos Aires. Su primer trabajo fue traductora de libros del inglés al español. En 1979 escribió su primera obra de teatro, *Abran cancha, que aquí viene don Quijote de la Mancha.* En sus obras, siempre incluye juegos de palabras muy graciosos. En 2002 fundó Ediciones Abran Cancha, una editorial alternativa que promueve el encuentro entre adultos y jóvenes para hablar de temas literarios.

Sobre Colón

En español se llama Cristóbal Colón. En inglés se llama Christopher Columbus, pero su nombre original es Cristoforo Colombo. Nació en 1451 en Génova, Italia. El drama que empezaste a leer y que termina en esta sección cuenta su primer viaje a América de una manera divertida.

Colón agarra viaje a toda costa (parte 4)

READER'S SUCCESS STRATEGY This play was originally set in verse form. To recapture the rhythm and rhyme, read the text out loud and highlight each set of rhyming words.

En esta cuarta y última parte de la obra, Colón, después de leer un mensaje que
5 *le mandaron en una botella, decide ir a ver a los reyes[1] de Castilla y Aragón en busca de apoyo financiero para*
10 *sus planes de viaje…*

[1] king and queen

Cristóbal Colón muestra la isla Guanahaní a sus marineros

Colón escucha que alguien llama a su puerta.

Colón:

¿Quién es?

Presentador:

15 ¡Botellerooooooo! Perdón, cartero.

Colón sale a la puerta que, por supuesto, está abierta y encuentra una botella con un mensaje. Lo lee en voz alta.

Colón:

20 Vamos, Colón, el mar te espera. Sea como sea², tenés que conseguir tres **carabelas**. No **dejés que** el desaliento te inunde el corazón³. Andá⁴ a ver a los reyes de Castilla y Aragón.

Colón interrumpe un momento la lectura del
25 *mensaje y habla en voz alta⁵ consigo mismo.*

Pero si ya fui como veinte veces y no pasa nada. Siempre me dicen: vuelva otro día, vuelva otro día.

---

² **Sea...** Any way you can   ³ **te...** flood your heart
⁴ Go   ⁵ **en...** aloud

READING TIP The play includes many examples of the **vos** conjugation, a familiar form of address in Argentina. In present tense, **vos** forms omit any stem change, and are pronounced with the stress on the last syllable, for example, **tenés, andá, empezá.**

APUNTES

PALABRAS CLAVE

la carabela *caravelle: a small*   **dejar que** *to permit, to allow*
  sailing ship

Sigue leyendo el mensaje.

30 ¿Y quién te dijo que hoy no es otro día?

Colón se va. ❈

Presentadora:

¡Atención! ¡Atención!

Presentador:

35 Vamos a informar a la población.

Presentadora:

¡Los reyes de Castilla y Aragón han logrado unificar España y se creen capaces de cualquier **hazaña**! ¡Los reyes de Castilla y
40 Aragón empiezan
a soñar con la expansión!

Presentadora:

¡Y ahora tal vez les interese el proyecto de Colón!

45 **Presentador:**

¡A la reina de Castilla los bellos ojos le brillan[6] cuando piensa en la otra orilla!

---

[6] shine

PALABRAS CLAVE
la hazaña *achievement*

El presentador y la presentadora se van. Y nos
encontramos ante la reina de Castilla y el rey
de Aragón en sus tronos. Colón entra, hace una
reverencia y permanece de pie.

Colón:

¡Salud, altezas[7]! Espero que ahora estén
dispuestos a financiar mi empresa. Les ofrezco
una aventura **insólita** y valiente: navegar hacia
el oeste para llegar a **Oriente.** ¡Internarse en el
misterio del mar abierto, buscar otros **rumbos**
y otros puertos!

Reina:

Cristóbal Colón, me has convencido. Empezá a
prepararte. Tu pedido ha sido **concedido.**

Presentador:

Las carabelas y sus navegantes van por un
camino que nadie tomó antes. ❈

Presentadora:

Van a enfrentar lo que nadie ha visto y nadie
ha oído. ¡Van al encuentro de lo desconocido!

Colón y su tripulación[8] ya llevan muchos días
navegando sin ninguna indicación de las tierras
que buscan. Desesperados, los hombres empiezan a
quejarse…

---

[7] your highness *(pl.)*   [8] crew

A pensar...

How does Colón try to convince
the king and queen? **(Clarify)**

_____

_____

CHALLENGE Jot down the
unknowns that Colón and his
crew faced on the journey.
Would you have wanted to
participate in the expedition?
Why or why not? **(Connect)**

PALABRAS CLAVE

insólito(a)	*unheard of, surprising*	**el rumbo**	*route, path, way*
el Oriente	*the Far East*	**conceder**	*to grant*

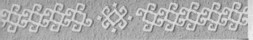
Colón:

¿Qué son esos gritos? ¿Qué pasa?

Luis y Pedro:

75 ¡Que-re-mos vol-ver a ca-sa!

Colón:

Tengan un poco de paciencia. Ya falta poco.

Luis:

¡Qué paciencia ni qué ocho cuartos![9] Ya

80 **estamos hartos.**

Colón:

¡Qué mar, qué cielo, qué día! ¡Qué mar... avilla!
¡Creo que estamos cerca de la orilla!

Pedro:

85 ¡Tieee… ! ¡Tieeee… ! ¡Tieeeeeeee… !

¡TIERRA! ¡TIERRA! ¡TIERRA!

Presentador:

Estimado público, **agradecemos** mucho su
valiente compañía en esa difícil y osada[10]

90 **travesía.**

Presentadora:

¡Aquí ponemos fin a la navegación y en este
momento termina la función!

---

[9] **¡Qué…** What do you mean, patience!   [10] daring

PALABRAS CLAVE

estar harto *to be fed up*   **la travesía** *crossing, journey*
agradecer *to be thankful for,*
   to thank

Vocabulario de la lectura

Palabras clave

agradecer *to be thankful for, to thank*
la carabela *caravelle: a small sailing ship*
conceder *to grant*
dejar que *to permit, to allow*
estar harto *to be fed up*

la hazaña *achievement*
insólito(a) *unheard of, surprising*
el Oriente *the Far East*
el rumbo *route, path, way*
la travesía *crossing*

A. Empareja cada palabra con su definición.

la carabela, el rumbo, insólito, el Oriente, agradecer

1. decir o dar «gracias»   _____

2. los países asiáticos   _____

3. un tipo de barco de vela   _____

4. inesperado o sorprendente   _____

5. la ruta o el camino   _____

B. Completa el párrafo con una forma correcta de la **palabra clave** apropiada.

Colón nunca _____ que el desaliento le inundara el corazón.
                              (1)

Entonces, cuando Fernando e Isabel por fin le _____ el dinero
                                                          (2)

necesario para su viaje, el navegante rápidamente preparó barcos y

tripulación para la _____ hacia el Oriente. Pero después de
                              (3)

muchos días de navegación y sin saber cuándo iban a llegar al Oriente,

los hombres _____ y estuvieron a punto de rebelarse contra
                      (4)

Colón. Después de llegar, todos estuvieron de acuerdo en que había

sido una _____ muy importante que cambiaría el rumbo de
                  (5)

la historia.

¿Comprendiste?

1. ¿Cuáles son las mayores dificultades que tiene Colón para realizar su viaje?

_____

2. ¿Quiénes, por fin, financian la expedición y por qué?

_____

_____

_____

3. ¿Por qué crees que la tripulación quiere regresar a casa?

_____

_____

4. ¿Qué significa cuando Pedro dice «Tierra»?

_____

5. ¿Cómo describe el Presentador al viaje?

_____

Conexión personal

Imagina que tú acompañaste a Colón en su viaje de exploración. Escribe un diario de tus impresiones y pensamientos durante el viaje. Incluye por los menos tres notas diferentes para comentar el comienzo, la mitad y el final de la expedición.

Los primeros días de la travesía todos estábamos...

_____

_____

_____

_____

_____

_____

_____

_____

_____

_____

Literary terms

alliteration   repetition of the same sounds in a phrase or a line of poetry

Anglicism   use of English words in another language

antithesis   contrast between a word or a phrase and another that means the opposite

catalog   list of people, things, or attributes in a narration or poem

character   person in a literary work

flashback   scene from the past that interrupts the ongoing action of a work

hyperbole   exaggerated description of a person or thing

irony   contrast between what is stated and what is meant or between what is expected and what actually happens

metaphor   direct comparison between two unlike things

onomatopoeia   use of words to imitate the sound of something

parallelism   related ideas phrased in similar ways

personification   use of human characteristics to describe an animal or an object

protagonist   main character of a work

repetition   recurring sounds, words, or phrases to give emphasis

rhetorical question   interrogative sentence to which no answer is expected

rhyme   repetition of the same sound at the end of lines in a poem

rhyme pattern   repetition of rhyming sound at the end of alternating lines of a poem (ABAB, ABBA, or AABB, for example)

sensory details   descriptive words that appeal to the senses (sight, hearing, smell, taste, touch)

simile   comparison that uses *like* or *as*

Literatura adicional

En esta sección vas a encontrar una selección de lecturas literarias en español. Hay poemas, partes de novelas, ensayos y cuentos. Cada lectura tiene una biografía del autor e información relacionada con el tema de la selección. Como las lecturas de *¡Avancemos!,* las lecturas literarias presentan estrategias, consejos y apoyo para la lectura, preguntas para razonar, actividades para practicar el vocabulario, preguntas de comprensión y una actividad de escritura, que te ayudarán a entender cada selección. También encontrarás la sección **Márcalo,** que te servirá para hacer el análisis literario de las lecturas.

Para leer *Bendíceme, Última*

Reading Strategy

EVALUATE THE STORY When you **evaluate** a story, you make a judgment about it. Use this diagram to record your opinions on the setting, plot, characters, and theme of the story. Are they believable? Are they interesting? Support your opinions. Be sure your ideas are based on information in the story as well as in your own knowledge.

Ambiente	Personajes

Bendíceme, Última

Trama	Tema

What You Need to Know

Herbal healing is a very popular practice in Latin American countries, which includes the use of herbs, massages, and rituals to cure people. The theory of this practice says that there are people with the ability to apply the power of those herbs. Many stories have been written about herbal healers, and it is common to find these people, particularly in rural areas. Although it is true that many plants have curative properties, in many cases the likelihood of being cured depends largely on the beliefs of the individual person. In *Bendíceme, Última*, Rudolfo Anaya tells the story of a healer and her relationship with a family in New Mexico.

READING TIP As you read
Bendíceme, Última, try to
imagine living in the place the
writer describes.
  Look for details about
Última's appearance and pay
particular attention to the
descriptions of the area.

APUNTES

Sobre el autor

Rudolfo Anaya nació en Nuevo México en 1937. A través de sus
novelas interpreta la vida de los hispanos en Estados Unidos,
por eso se ha convertido en uno de los escritores hispanos más
destacados de este país. En 1972 ganó el Premio Quinto Sol
por su primera novela, *Bendíceme, Última*, y desde 1974 ha
sido profesor de la Universidad de Nuevo México. Anaya usa su
herencia chicana como fuente de inspiración, combinando la
mitología de los mestizos, la importancia de la tierra nativa, la
familia chicana y su vida en los Estados Unidos.

Bendíceme, Última

Durante los últimos días de verano hay un
tiempo en que lo maduro del otoño llena el
aire. El tiempo transcurre[1] callado y suave y
yo lo vivía con toda el alma, extrañamente

5   consciente de un nuevo mundo que se abría y
tomaba forma sólo para mí. En las mañanas,
antes de que hiciera mucho calor, Última y
yo caminábamos por las **lomas** del **llano,**
recogiendo las hierbas silvestres y raíces que

10 usaba para sus medicinas. Vagábamos[2] por
los campos e íbamos de arriba abajo por el río.
Yo cargaba una pequeña pala para **escarbar,**
y ella una bolsa para guardar nuestra mágica
cosecha.

[1] passes   [2] We wandered

PALABRAS CLAVE
la loma   *hill*   escarbar   *to dig*
el llano   *plain*

READER'S SUCCESS STRATEGY Highlight the phrases that indicate how careful Última is with the herbs. Then, with a partner, read these lines aloud.

APUNTES

_____

_____

_____

_____

_____

_____

_____

A pensar...

Make a check mark next to the sentences that explain the relationship between Última and the narrator. **(Clarify)**

a. El tiempo transcurre callado y suave y yo lo vivía con toda el alma.

b. Luego escarbaba para sacar la planta con cuidado para no tocar sus raíces con la pala.

c. Yo repetía sus palabras tras ella.

d. Curaba quemaduras, ámpulas, problemas estomacales...

15 —¡Ay! —gritaba Última cuando descubría alguna planta o raíz que necesitaba—, cuánta suerte tenemos hoy para encontrar la hierba del **manso.**

Entonces me guiaba a la planta que sus ojos

20 de **lechuza** habían descubierto y me pedía que observara dónde crecía la planta y cómo eran sus hojas. —Ahora tócala —me decía—. Sus hojas son muy lisas y el color es verde muy claro.

25 Para Última, aun las plantas tenían alma, y antes de escarbar con la pala, me pedía que le hablara a la planta y le dijera por qué era necesario arrancarla de su hogar en la tierra. «Tú creces bien aquí en el arroyo junto a la

30 humedad del río, pero te alzamos para hacer una buena medicina» —entonaba suavemente Última, y yo repetía sus palabras tras ella. Luego escarbaba para sacar la planta con cuidado para no tocar sus raíces con la pala

35 y para no dañarlas. De todo las plantas que juntábamos, ninguna ofrecía tanta magia como la hierba del manso. Curaba quemaduras, ámpulas[3], problemas estomacales, cólicos de recién nacido, disentería con sangre y hasta

40 reumatismo. Yo conocía esta planta de tiempo atrás, porque mi madre, que indudablemente no era **curandera,** la usaba con frecuencia.

---
[3] blisters

PALABRAS CLAVE
el manso _farmhouse_   **el (la) curandero(a)** _healer_
la lechuza _owl_

APUNTES

Las suaves manos de Última levantaban cuidadosamente la planta y entonces la
45 examinaba. Tomaba una **pizca** y probaba su calidad. Luego la metía en una pequeña bolsa negra que traía colgando del cinturón. Me había dicho que el contenido seco de la bolsita era de una pizca de cada planta que ella había
50 recogido desde que empezó su entrenamiento como curandera muchos años atrás.

—Hace mucho tiempo —se sonreía—, mucho antes de que tú fueras un sueño, mucho antes de que el tren llegara a Las Pasturas, antes de
55 que los Luna llegaran al valle, antes de que el gran Coronado construyera el puente…
—entonces su voz se iba por un sendero y mis pensamientos se perdían en el laberinto de un tiempo y una historia que no conocía.

60 Si en nuestra vagancia encontrábamos algo de orégano recogíamos bastante no sólo porque curaba tos y fiebre, sino porque mi madre lo usaba como **especia** para sazonar[4] los frijoles y la carne. También teníamos la suerte de
65 encontrar algo de *oshá,* planta que crece mejor en las montañas y, como la hierba del manso, lo cura todo. Cura la tos y los resfriados, las cortadas y los raspones, el reumatismo y los problemas estomacales. Mi padre dijo alguna
70 vez que los pastores[5] de ovejas la usaban para

---

[4] to flavor   [5] shepherds

MÁRCALO ANÁLISIS
Personification is a literary device in which inanimate objects or abstract things are given human qualities. Read the boxed text and underline the examples of personification you find.

APUNTES

PALABRAS CLAVE
la pizca *pinch*   **la especia** *aromatic herb*

CHALLENGE Why do you think the narrator enjoys his outings with Última? What is the new world that he refers to? Is there any indication in the reading that the reality of the narrator might be problematic? What do you think the environment in which the narrator lives is like? (Make Judgments)

A pensar...

According to the narrator, each herb has different properties. In the space below, list some of the benefits provided by herbs and indicate which of these benefits is the most important to Última. (**Summarize**)

mantener alejadas a las serpientes venenosas de los rollos de cobertores[6] para dormir. Sólo había que espolvorear[7] las frazadas con polvo de *oshá*. Con una mezcla de *oshá* Última había
75 lavado mi cara, mis brazos y pies, la noche que mataron a Lupito.

En las lomas, Última era feliz. Había una nobleza en su andar que le otorgaba gracia a su figura tan pequeña. La observaba
80 cuidadosamente y le imitaba el caminar, entonces sentía que ya no me perdería en el enorme paisaje del llano y del cielo. Yo era una parte muy imporante en la palpitante vida del llano y del río.

85 —¡Mira! Qué suerte tenemos, hay **tunas** —gritó Última alegremente y apuntó a las tunas maduras y rojas del nopal—. Ven y recoge algunas para comerlas en la sombra del río —corrí al cactus y reuní una pala llena
90 de suculentas tunas llenas de semillas. Luego nos sentamos bajo la sombra de los álamos del río y pelamos las tunas con cuidado, porque aun en la piel tienen partes con pelusa[8] que irritan los dedos y la lengua. Comimos y nos
95 refrescamos.

---

[6] blankets   [7] to sprinkle   [8] down

PALABRAS CLAVE
    la tuna *a kind of tropical cactus*

Vocabulario de la lectura

Palabras clave

el (la) curandero(a) *healer*   **la lechuza** *owl*   **el manso** *farmhouse*

escarbar *to dig*   **el llano** *plain*   **la pizca** *pinch*

la especia *aromatic herb*   **la loma** *hill*   **la tuna** *a kind of tropical cactus*

A. Empareja cada **palabra clave** con la definición correcta. En la línea
que figura al lado de cada palabra, escribe la letra correspondiente
a la definición de dicha palabra.

_____ 1. pizca   A. elevación del terreno

_____ 2. lechuza   B. animal nocturno

_____ 3. loma   C. hacer un pozo en la tierra

_____ 4. curandera   D. un poquito

_____ 5. escarbar   E. mujer que cura con hierbas

B. Completa los espacios en blanco con la **palabra clave** correcta. Escribe los verbos
en su forma correcta. Solamente puedes usar cada palabra una vez.

Última siempre salía a caminar por el _____ a buscar hierbas.
                                                      (1)

Con una pala _____ la tierra y decía que las hierbas
                      (2)

del _____ eran muy útiles. Algunas servían para curar y otras servían
       (3)

como _____ para cocinar. Pero lo que más le gustaba encontrar
               (4)

eran _____, pues éstas se podían comer a la orilla del río y eran
          (5)

muy sabrosas.

¿Comprendiste?

1. ¿Quién es Última y qué actividades hace con el narrador del cuento?

_____

_____

2. ¿Qué tipo de consejos le da Última al narrador?

_____

_____

3. ¿Hace cuánto que Última es curandera?

_____

_____

4. ¿Qué sabe Última sobre la familia del narrador?

_____

_____

5. ¿Quiénes más confían en las hierbas que junta Última?

_____

_____

Conexión personal

¿Crees en las propiedades curativas de las hierbas? Justifica tu respuesta. Si alguna vez tú o alguien que conoces las ha usado, explica cuál era el problema y di si las hierbas lo han solucionado. Escribe tus comentarios en la libreta de la derecha.

Para mí, las hierbas...

_____

_____

_____

_____

_____

_____

_____

Para leer   *Canción de otoño en primavera*

Reading Strategy

CLARIFY THE MEANING OF POETRY The process of stopping while reading to quickly review what has happened and to look for answers to questions you may have is **clarifying**.
Complete the chart below by doing the following:
- Read the first two stanzas of "Canción de otoño en primavera."
- Stop to clarify those lines.
- In the first box, explain what happens in the lines you read.
- Read the next two stanzas and repeat the process.
- Read two more stanzas and complete the chart.

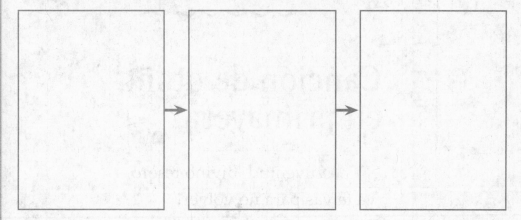

What You Need to Know

Many people, at a certain age, think of the balance in their lives. At that moment, they make a summary of the good and bad things that they have lived, including emotional and professional achievements. Poets often show this balance in their works. Some of them tell their experiences in an optimistic way, others with humor, and others with a lot of sadness because of the things they lost. In *"Canción de otoño en primavera"* Rubén Darío remembers the hopes and disappointments he had in his youth in a very particular way.

READING TIP The poem
in this selection is about past
romantic relationships. As
you read, look for clues that
will help you understand the
author's feelings. Think about
the mood or atmosphere
created by the author's
descriptions.

APUNTES

Sobre el autor

Rubén Darío (1867–1916) nació en Metapa, Nicaragua.
Desde joven se dedicó a leer obras de poetas franceses, que
influenciaron su estilo. Rubén Darío es la figura principal
del _modernismo,_ un movimiento que renovó la literatura
hispanoamericana. Desde niño manifestó una gran capacidad
para la escritura; desde los once años de edad comenzó
a componer versos y se lo conoció como «el niño poeta».
Vivió también en Chile, Argentina y Francia, y trabajó como
corresponsal de periódicos durante la Guerra Hispanoamericana.
Entre sus obras se destacan _Azul_ y _Cantos de vida y esperanza._
A esta última obra pertenece el poema «Canción de otoño en
primavera».

Canción de otoño
en primavera

Juventud, divino tesoro,
¡ya te vas para no volver!
Cuando quiero llorar, no lloro …
y a veces lloro sin querer.

5   Plural ha sido la **celeste**
historia de mi corazón.
Era una dulce niña, en este
mundo de **duelo** y aflicción.

PALABRAS CLAVE
celeste _celestial_   **el duelo** _mourning_

READER'S SUCCESS STRATEGY In order to describe the personality of each woman, the author divided the poem into four sections by repeating the same stanza before each one. Use a ruler to divide the poem in the right places.

10 Miraba como el **alba** pura;
sonreía como una flor.
Era su cabellera obscura
hecha de noche y de dolor.

Yo era tímido como un niño.
Ella, naturalmente, fue,
15 para mi amor hecho de **armiño,**
Herodías[1] y Salomé[2] …

Juventud, divino tesoro,
¡ya te vas para no volver … !
Cuando quiero llorar, no lloro,
20 y a veces lloro sin querer …

La otra fue más sensitiva,
y más consoladora y más
halagadora y expresiva,
cual no pensé encontrar jamás.

25 Pues a su continua ternura
una pasión violenta unía.
En un **peplo** de **gasa** pura
una bacante[3] se envolvía …

---

[1] A Jewish princess who ordered the death of John the Baptist
[2] She received John the Baptist's head
[3] from Bacchus, a Greek god of festivity and celebration

APUNTES

A pensar…

Remember that a paraphrase is a restatement of a text or passage in other words, often to clarify meaning. How would you paraphrase Rubén Darío's "Juventud, divino tesoro, ¡ya te vas para no volver!"? **(Paraphrase)**

PALABRAS CLAVE

el alba *(fem.) dawn*
el armiño *ermine; soft fur*
halagador(a) *flattering*

el peplo *peplum, Roman tunic*
la gasa *gauze*

CHALLENGE Compare the three loves that Rubén Darío describes. What were the characteristics of each one? Did they have anything in common? **(Compare and Contrast)**

En sus brazos tomó mi ensueño
30 y lo arrulló como a un bebé …
Y le mató, triste y pequeño,
falto de luz, falto de fe …

Juventud, divino tesoro,
¡te fuiste para no volver!
35 Cuando quiero llorar, no lloro,
y a veces lloro sin querer …

Otra juzgó que era mi boca
el estuche[4] de su pasión
y que me **roería,** loca,
40 con sus dientes el corazón

poniendo en un amor de exceso
la mira de su voluntad,
mientras eran abrazo y beso
síntesis de la eternidad:

45 y de nuestra carne ligera
imaginar siempre un Edén,
sin pensar que la Primavera
y la carne acaban también …

---
[4] case

PALABRAS CLAVE
roer *to gnaw*

Juventud, divino tesoro,
50   ¡ya te vas para no volver!
Cuando quiero llorar, no lloro,
¡y a veces lloro sin querer!

¡Y las demás!, en tantos climas,
en tantas tierras, siempre son,
55   si no **pretexto** de mis rimas,
fantasmas de mi corazón.

En vano busqué a la princesa
que estaba triste de esperar.
La vida es dura. Amarga y pesa.
60   ¡Ya no hay princesa que cantar!

Mas a pesar del tiempo **terco,**
mi sed de amor no tiene fin;
con el cabello gris me acerco
a los rosales del jardín …

65   Juventud, divino tesoro,
¡ya te vas para no volver! …
Cuando quiero llorar, no lloro,
y a veces lloro sin querer …

¡Mas es mía el Alba de oro!

PALABRAS CLAVE
el pretexto *excuse*   **terco(a)** *obstinate*

MÁRCALO ANÁLISIS

Rhyme is the repetition of the same sound at the end of two or more lines of poetry, after the last stressed vowel. Read the stanzas in the boxed text and underline the words that rhyme. Use different colors to underline each pair of words.

APUNTES

A pensar…

Does the title of the poem involve sadness or happiness? In general, what are the meanings of fall and spring? What elements of the poem are related to each season? **(Evaluate)**

Vocabulario de la lectura

Palabras clave

el alba *(fem.)* *dawn* **la gasa** *gauze* **el pretexto** *excuse*

el armiño *ermine; soft fur* **halagador(a)** *flattering* **roer** *to gnaw*

celeste *celestial* **el peplo** *peplum, Roman tunic* **terco(a)** *obstinate*

el duelo *mourning*

A. Completa las oraciones con la **palabra clave** apropiada. Escribe los verbos en su forma correcta. Luego ordena las letras de las casillas para completar la última oración.

1. El primer amor del autor era tan puro que lo compara con un

   __ __ __ __ __☐.

2. Otra mujer fue más sensible y __ __ __ __ __ __ __ __ __☐.

3. El autor compara la suavidad de ese amor con una túnica de __ __☐ __.

4. Otro amor le dijo que le __ __☐ __☐ __ el corazón.

5. Darío concluye que sus amores son un☐ __ __ __ __ __ __ __ para escribir.

   La __ __ __ __ __ __ de Rubén Darío resume sus sentimientos.

B. Completa las siguientes oraciones con la **palabra clave** correcta.

1. La gente que trabaja en el campo se despierta durante el ...

   a. peplo b. terco c. alba

2. Diana está muy enferma, pero es muy ... y no quiere ir al doctor.

   a. celeste b. halagadora c. terca

3. Los griegos y los romanos se vestían con ... de tela muy fina.

   a. armiños b. peplos c. duelos

4. Con un telescopio se pueden observar los cuerpos ...

   a. tercos b. armiños c. celestes

5. La familia Linares está de ... pues el tío Leonardo ha muerto.

   a. duelo b. alba c. pretexto

¿Comprendiste?

1. ¿El narrador es una persona joven o un hombre mayor? ¿Qué versos lo indican?

_____

_____

2. ¿Qué significan los versos «Plural ha sido la celeste historia de mi corazón»?

_____

_____

3. ¿Por qué el autor compara a su primer amor con Herodías y Salomé?

_____

_____

4. ¿Qué opina el autor sobre las mujeres que ha conocido?

_____

_____

_____

5. ¿Qué mensaje da Rubén Darío cuando dice «¡Mas es mía el Alba de oro!»?

_____

_____

_____

Conexión personal

¿Ha cambiado tu opinión sobre la juventud después de leer el poema? ¿Cómo te sentirías si el tiempo pasara y no encontraras la persona ideal para compartir tu vida? ¿Piensas que hay alguna edad en la que ya hay que dejar de pensar en el amor? Explica.

Creo que durante la juventud...

_____

_____

_____

_____

_____

_____

_____

Para leer   *La muñeca menor*

Reading Strategy

UNDERSTAND CAUSE AND EFFECT Two events are related as cause and effect if one brings about, or causes, the other. The event that happens first is the cause; the one that follows is the effect. Sometimes the first event may cause more than one thing to happen. Complete the following chart with cause-and-effect relationships from "La muñeca menor."

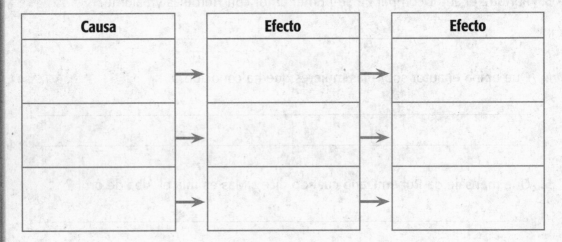

Causa	Efecto	Efecto

What You Need to Know

In Latin American culture, when women get married it is common for them to receive a personal belonging from a close relative as a gift. Usually, the mother, the grandmother, or the aunt of the bride gives her something that she received when she got married or something that she specially made for that occasion. The tradition is based on the hope that passing on those gifts will bring the bride good luck in her marriage and preserve the union of the family. You are about to read the first part of "*La muñeca menor*" by Rosario Ferré—the story of a family in Puerto Rico that followed this tradition, accompanied by mysterious events.

Sobre la autora

Rosario Ferré nació en Ponce, Puerto Rico, en 1942. Cursó
estudios universitarios en su país e hizo un doctorado en la
Universidad de Maryland. En Puerto Rico publicó la revista
Zona de carga y descarga y ha vivido alternativamente entre
Washington y San Juan. Sus libros son una mezcla perfecta de
lenguaje e imaginación. Además de hablar del mundo interior de
las personas también toca el mundo social de su país. Entre su
obra narrativa se destacan *Papeles de Pandora, La caja de cristal*
y *La muñeca menor,* además de numerosas críticas que escribió
para publicaciones de ambos países.

La muñeca menor

La tía vieja había sacado desde muy
temprano el sillón al balcón que daba al
cañaveral como hacía siempre que se
despertaba con ganas de hacer una muñeca.
5 De joven se bañaba a menudo en el río, pero
un día en que la lluvia había recrecido la
corriente en cola de dragón había sentido
en el tuétano[1] de los huesos una mullida
sensación de nieve. La cabeza metida en el
10 reverbero[2] negro de las rocas, había creído
escuchar, revolcados con el sonido del agua,
los estallidos del salitre sobre la playa y
pensó que sus cabellos habían llegado por
fin a desembocar en el mar. En ese preciso
15 momento sintió una mordida terrible en la
pantorrilla. La sacaron del agua gritando y
se la llevaron a la casa en parihuelas[3]
retorciéndose de dolor.

---

[1] marrow   [2] reflection   [3] stretcher

PALABRAS CLAVE
el cañaveral *canebrake*   **la pantorrilla** *calf*

READING TIP This short
story is very descriptive. Pay
attention to all the descriptions
written by the author,
especially the ones related to
the dolls. You may be tempted
to skip over the descriptions.
If you do, you will miss how
important the dolls are to the
family.

APUNTES

How could the woman have avoided being bitten by the *chágara*? Why do you think the doctor at first did not realize that the *chágara* was in the woman's leg? Was he negligent in not suspecting that the animal was in her leg? What would happen if the woman decided to remove the animal? Write your answer in the space below. **(Infer)**

APUNTES

El médico que la examinó aseguró que no era
nada, probablemente había sido mordida por
un **chágara** viciosa. Sin embargo pasaron los
días y la **llaga** no cerraba. Al cabo de un mes
el médico había llegado a la conclusión de
que la chágara se había introducido dentro
de la carne blanda de la pantorrilla, donde
había evidentemente comenzado a engordar.
Indicó que le aplicaran un sinapismo[4] para
que el calor la obligara a salir. La tía estuvo
una semana con la pierna rígida, cubierta
de mostaza desde el tobillo hasta el muslo,
pero al finalizar el tratamiento se descubrió
que la llaga se había abultado aún más,
recubriéndose de una substancia pétrea[5] y
limosa que era imposible tratar de remover
sin que peligrara toda la pierna. Entonces se
resignó a vivir para siempre con la chágara
enroscada dentro de la gruta de su pantorrilla.

Había sido muy hermosa, pero la chágara que
escondía bajo los largos pliegues de gasa de
sus faldas la había despojado de toda vanidad.
Se había encerrado en la casa rehusando
a todos sus pretendientes. Al principio se
había dedicado a la crianza de las hijas de
su hermana, arrastrando por toda la casa la
pierna monstruosa con bastante agilidad. Por
aquella época la familia vivía rodeada de un
pasado que dejaba desintegrar a su alrededor

[4] sinapism, a medical plaster made with mustard
[5] rocky, hard

PALABRAS CLAVE
la **chágara** *river crab*   **limoso(a)** *slimy*
la **llaga** *sore*

con la misma impasible musicalidad con que la
lámpara de cristal del comedor se desgranaba[6]
50 a pedazos sobre el mantel raído[7] de la mesa.
Las niñas adoraban a la tía. Ella las peinaba,
las bañaba y les daba de comer. Cuando
les leía cuentos se sentaban a su alrededor
y levantaban con disimulo el volante
55 almidonado[8] de su falda para oler el perfume
de **guanábana** madura que **supuraba** la
pierna en estado de quietud.

Cuando las niñas fueron creciendo la tía se
dedicó a hacerles muñecas para jugar. Al
60 principio eran sólo muñecas comunes, con
carne de guata[9] de higuera[10] y ojos de botones
perdidos. Pero con el pasar del tiempo fue
refinando su arte hasta ganarse el respeto y la
reverencia de toda la familia. El nacimiento de
65 una muñeca era siempre motivo de regocijo
sagrado, lo cual explicaba el que jamás se
les hubiese ocurrido vender una de ellas, ni
siquiera cuando las niñas eran ya grandes y
la familia comenzaba a pasar necesidad. La
70 tía había ido agrandando el tamaño de las
muñecas de manera que correspondieran a
la estatura y a las medidas de cada una de
las niñas. Como eran nueve y la tía hacía
una muñeca de cada niña por año, hubo
75 que separar una pieza de la casa para que
la habitasen exclusivamente las muñecas.

---

[6] was falling apart   [7] worn out   [8] starched
[9] wood shavings   [10] fig tree

PALABRAS CLAVE
    la guanábana   *soursop, custard apple*
    supurar   *to suppurate, to form or discharge pus*

READER'S SUCCESS STRATEGY The events in the story build to create a sense of suspense. As you read, create an outline including each of those events.

A pensar...

This selection of «La muñeca menor» covers two parts. What are they? Provide details for each one. Which one do you think will be more relevant at the end of the story? (**Identify Main Idea and Details**)

⫿⫿⫿ MÁRCALO ⟫ ANÁLISIS
A simile is a comparison of one thing with another using the word **como** in Spanish or the words *like or as* in English: for example, *as tall as a tree*. Find and underline the similes in this paragraph.

Cuando la mayor cumplió diez y ocho años había ciento veintiséis muñecas de todas las edades en la habitación. Al abrir la puerta,

80 daba la sensación de entrar en un palomar, o en el cuarto de muñecas del palacio de las tzarinas[11], o en un almacén donde alguien había puesto a madurar una larga hilera de hojas de tabaco. Sin embargo, la tía no entraba

85 en la habitación por ninguno de estos placeres, sino que echaba el pestillo[12] a la puerta e iba levantando amorosamente cada una de las muñecas canturreándoles mientras las mecía: Así eras cuando tenías un año, así

90 cuando tenías dos, así cuando tenías tres, reviviendo la vida de cada una de ellas por la dimensión del hueco que le dejaban entre los brazos.

El día que la mayor de las niñas cumplió

95 diez años, la tía se sentó en el sillón frente al cañaveral y no se volvió a levantar jamás. Se balconeaba días enteros observando los cambios de agua de las cañas y sólo salía de su sopor cuando la venía a visitar el doctor o

100 cuando se despertaba con ganas de hacer una muñeca. Comenzaba entonces a clamar para que todos los habitantes de la casa viniesen a ayudarla. Podía verse ese día a los peones de la hacienda haciendo constantes relevos

105 al pueblo como alegres mensajeros incas, a comprar cera, a comprar barro de porcelana, encajes, agujas, carretes de hilos de todos los

---

[11] czarinas, Russian empresses   [12] dead bolt

colores. Mientras se llevaban a cabo estas
diligencias, la tía llamaba a su habitación a
110 la niña con la que había soñado esa noche y
le tomaba las medidas. Luego le hacía una
mascarilla de cera que cubría de yeso por
ambos lados como una cara viva dentro de
dos caras muertas; luego hacía salir un hilillo
115 rubio interminable por un hoyito en
la barbilla[13]. La porcelana de las manos era
siempre translúcida; tenía un ligero tinte
marfileño que contrastaba con la blancura
granulada de las caras de biscuit. Para
120 hacer el cuerpo, la tía enviaba al jardín por
veinte higüeras relucientes. Las cogía con
una mano y con un movimiento experto de
la cuchilla las iba **rabanando** una a una en
cráneos relucientes de cuero verde. Luego
125 las inclinaba en hilera contra la pared del
balcón, para que el sol y el aire secaran los
cerebros algodonosos de guano gris. Al cabo
de algunos días raspaba el contenido con una
cuchara y lo iba introduciendo con infinita
130 paciencia por la boca de la muñeca.

Lo único que la tía transigía en utilizar en
la creación de las muñecas sin que estuviese
hecho por ella, eran las bolas de los ojos. Se
los enviaban por correo desde Europa en
135 todos los colores, pero la tía los consideraba
inservibles hasta no haberlos dejado
sumergidos durante un número de días en el
fondo de la quebrada[14] para que aprendiesen

---

[13] chin   [14] stream

PALABRAS CLAVE
marfileño(a) *like ivory*   **rabanar** *col.* rebanar, *to slice*

A pensar...

Circle the words that give you
a better idea of where the
story takes place and underline
the ones that indicate how
much the aunt is suffering.
(Visualize)

cañaveral	Europa
llaga	miel
muñeca	sopor
nieve	río
supuraba	mar

APUNTES

A pensar...

Next to each sentence, write the numbers 1, 2, 3, 4, 5, or 6 to show the order in which the dolls are made and given away. **(Chronological Order)**

_____ She sinks the eyes in the stream.

_____ She observes each niece leaving the house carrying the doll under her arm.

_____ She receives the eyes from Europe.

_____ She makes the dress.

_____ The aunt makes the body from fig trees.

_____ She gives a doll to each niece as a wedding gift.

APUNTES

a reconocer el más leve movimiento de las
140 antenas de las chágaras. Sólo entonces los
lavaba con agua de amoniaco y los guardaba,
relucientes como gemas, colocados sobre
camas de algodón, en el fondo de una lata de
galletas holandesas. El vestido de las muñecas
145 no variaba nunca, a pesar de que las niñas
iban creciendo. Vestía siempre a las más
pequeñas de tira bordada y a las mayores de
broderí[15], colocando en la cabeza de cada una
el mismo lazo abullonado[16] y trémulo[17] de
150 pecho de paloma.

Las niñas empezaron a casarse y a abandonar
la casa. El día de la boda la tía les regalaba a
cada una la última muñeca dándoles un beso
en la frente y diciéndoles con una sonrisa:
155 «Aquí tienes tu Pascua de Resurrección.» A los
novios los tranquilizaba asegurándoles que la
muñeca era sólo una decoración sentimental
que solía colocarse sentada, en las casas de
antes, sobre la cola del piano. Desde lo alto del
160 balcón la tía observaba a las niñas bajar por
última vez las escaleras de la casa sosteniendo
en una mano la modesta maleta a cuadros
de cartón y pasando el otro brazo alrededor
de la cintura de aquella exuberante muñeca
165 hecha a su imagen y semejanza, calzada
con zapatillas de ante[18], faldas de bordados
nevados y **pantaletas** de valenciennes.
Las manos y la cara de estas muñecas, sin

---

[15] embroidered cotton fabric   [16] airy, gauzy
[17] shaking   [18] suede

PALABRAS CLAVE
   la pantaleta _pantalet, long underpants extending below the skirt_

embargo, se notaban menos transparentes,
170 tenían la consistencia de la leche cortada. Esta diferencia encubría otra más sutil: la muñeca de boda no estaba jamás rellena de guata, sino de miel.

Ya se habían casado todas las niñas y en
175 la casa quedaba sólo la más joven cuando el doctor hizo a la tía la visita mensual acompañado de su hijo que acababa de regresar de sus estudios de medicina en el norte. El joven levantó el volante de la falda
180 almidonada y se quedó mirando aquella inmensa vejiga abotagada[19] que manaba una esperma[20] perfumada por la punta de sus escamas verdes. Sacó su estetoscopio y la auscultó cuidadosamente. La tía pensó que
185 auscultaba la respiración de la chágara para verificar si todavía estaba viva, y cogiéndole la mano con cariño se la puso sobre un lugar determinado para que palpara[21] el movimiento constante de las antenas. El joven
190 dejó caer la falda y miró fijamente al padre. Usted hubiese podido haber curado esto en sus comienzos, le dijo. Es cierto, contestó el padre, pero yo sólo quería que vinieras a ver la chágara que te había pagado los estudios
195 durante veinte años.

---

[19] inflamed   [20] thick fluid   [21] **para** ...so that he would feel

MÁRCALO ANÁLISIS
The **protagonist** is the main character in a story or play—the one around whom the main action occurs. In the boxed text you will read about several characters. Circle the one you think is the protagonist of this story and explain why on the lines below.

CHALLENGE In the last paragraph of the selection, another character shows up—the doctor's son. What do you think his intentions will be after discovering that his father could have cured the woman? Pay attention to the characters in that scene and to the dialogue between father and son. How do you think the story might end? **(Predict)**

Vocabulario de la lectura

Palabras clave

el cañaveral *canebrake*

la chágara *river crab*

la guanábana *soursop, custard apple*

limoso(a) *slimy*

la llaga *sore*

marfileño(a) *like ivory*

la pantaleta *pantalet, long underpants extending below the skirt*

la pantorrilla *calf*

rabanar coll. *rebanar, to slice*

supurar *to suppurate, to form or discharge pus*

A. Completa cada analogía con una **palabra clave**. En una analogía, las últimas dos palabras deben estar relacionadas de la misma manera que los primeras dos.

1. NOCHE : DÍA :: seco : _____

2. BRAZO : CODO :: pierna : _____

3. LECHUGA : ESPINACA :: _____ : piña

4. UNIR : SEPARAR :: JUNTAR :: _____

5. CALCETÍN : PIE :: _____ :: PIERNA

B. Escribe un párrafo breve para resumir lo que ocurre en «La muñeca menor», usando todas las **palabras clave** que puedas.

_____

_____

_____

_____

_____

_____

_____

¿Comprendiste?

1. ¿Qué le ocurrió a la tía? ¿En dónde le ocurrió eso?

_____

2. ¿Con quién vivía la tía y cómo reaccionaban estas personas frente al problema de su tía?

_____

3. ¿Cuándo dejaba de darles muñecas a sus sobrinas?

_____

4. ¿Qué tipo de mentira le dijo el médico?

_____

5. ¿Por qué crees que el cuento se llama «La muñeca menor»?

_____

Conexión personal

¿Alguna vez has sido mordido(a) o atacado por algún animal salvaje? ¿Conoces a alguien a quien le haya ocurrido algo parecido? ¿Has visto alguna película sobre el tema? En el espacio de abajo explica lo que ocurrió, de qué animal se trataba, dónde pasó, qué hubo que hacer y cuáles fueron las consecuencias.

El animal que atacó era...

_____

_____

_____

_____

_____

_____

_____

_____

Para leer   *Borges y yo / Arte poética*

Reading Strategy

CATEGORIZE DESCRIPTIONS Some works contain vivid
descriptions, or details that help readers form strong mental
pictures. These images may be of characters, settings, or events, and
they always appeal to one or more of the five senses. Borges uses
descriptions that allow the reader to understand his feelings. Fill
in the chart below with details from Borges' selections and identify
the senses *(vista, oído, gusto, tacto u olfato)* they appeal to.

Descripción	Sentido

What You Need to Know

People often ask themselves two questions. One is related to identity;
their actions are not always reflected by the way they think and feel.
Many times, their achievements are of a material nature, although
internally they wish for other things. It may seem that they are made
of two parts: the things they do and the things they wish for. The other
question is related to where they come from and where they are going.
Through works like "*Borges y yo*" and "*Arte poética,*" Jorge Luis Borges
has posed these and other questions related to identity and time.

Sobre el autor

Jorge Luis Borges (1899–1986) nació en Buenos Aires, Argentina. En 1914 viajó a Europa con su familia y se instaló en Ginebra (Suiza) donde cursó el bachillerato para luego mudarse a España. Al regresar a Buenos Aires, fundó la revista *Proa*. En 1944 publicó *Ficciones*, un libro de cuentos por el cual obtuvo el Gran Premio de la Sociedad Argentina de Escritores. Más tarde fue nombrado director de la Biblioteca Nacional. Su amor por la literatura inglesa lo llevó a ser profesor de la Universidad de Buenos Aires. Su lenguaje literario fue cambiando hasta tratar temas de metafísica, dándole una creciente importancia a la psicología de sus personajes. Ha recibido numerosos premios literarios en todo el mundo, incluido el Premio Cervantes.

Borges y yo

Al otro, a Borges, es a quien le ocurren las cosas. Yo camino por Buenos Aires y me demoro[1], acaso ya mecánicamente, para mirar el arco de un zaguán[2] y la puerta cancel[3]; de
5 Borges tengo noticias por el correo y veo su nombre en una **terna** de profesores o en un diccionario biográfico. Me gustan los relojes de arena, los mapas, la tipografía del siglo XVIII, las etimologías, el sabor del café y la
10 prosa de Stevenson[4]; el otro comparte esas preferencias, pero de un modo vanidoso que las convierte en atributos de un actor. Sería exagerado afirmar que nuestra relación es hostil; yo vivo, yo me dejo vivir, para que
15 Borges pueda **tramar** su literatura y esa literatura me justifica.

---

[1] I stop　　　　[2] doorway
[3] **puerta…** inner door to keep out air drafts
[4] British writer from nineteenth century

PALABRAS CLAVE
la terna *list of three candidates*　　　**tramar** *to plan a difficult project*

READING TIP "Borges y yo" is a self-analysis by the author. As you read, look for evidence of the author's character traits to know what type of person he is.

APUNTES

MÁRCALO **ANÁLISIS**
A **catalog** is a list of people, things, or attributes in a narration or poem. Read the boxed text and underline the catalog.

APUNTES

A pensar...

Match the sentences in the first column with the words of the second column that define the characteristics of Borges. **(Evaluate)**

Al otro es a quien se le ocurren las cosas.	recognition
Veo su nombre en una terna.	confusion
Traté de librarme de las mitologías del arrabal.	humbleness
No sé cuál de los dos escribe esta página.	style change

Nada me cuesta confesar que ha logrado ciertas páginas válidas, pero esas páginas no me pueden salvar, quizá porque lo bueno
20 ya no es de nadie, ni siquiera del otro, sino del lenguaje o la tradición. Por lo demás, yo estoy destinado a perderme, definitivamente, y sólo algún instante de mí podrá sobrevivir en el otro. Poco a poco voy cediéndole todo,
25 aunque me consta su perversa costumbre de falsear y magnificar. Spinoza[5] entendió que todas las cosas quieren perseverar en su ser; la piedra eternamente quiere ser piedra y el tigre un tigre. Yo he de quedar en Borges, no en
30 mí (si es que alguien soy), pero me reconozco menos en sus libros que en muchos otros o que en el laborioso rasgueo[6] de una guitarra. Hace años yo traté de librarme de él y pasé de las mitologías del **arrabal** a los juegos con
35 el tiempo y con lo infinito, pero esos juegos son de Borges ahora y tendré que **idear** otras cosas. Así mi vida es una fuga[7] y todo lo pierdo y todo es del olvido, o del otro.

No sé cuál de los dos escribe esta página.

---

[5] Dutch philosopher   [6] strumming   [7] escape

PALABRAS CLAVE
el arrabal *suburb*   **idear** *to think up, to invent*

Arte poética 🎧

Mirar el río hecho de tiempo y agua
Y recordar que el tiempo es otro río,
Saber que nos perdemos como el río
Y que los rostros pasan como el agua.

5 Sentir que la **vigilia** es otro sueño
Que sueña no soñar y que la muerte
Que teme nuestra carne es esa muerte
De cada noche, que se llama sueño.

Ver en el día o en el año un símbolo
10 De los días del hombre y de sus años,
Convertir el ultraje[1] de los años
En una música, un rumor y un símbolo,

Ver en la muerte el sueño, en el **ocaso**
Un triste oro, tal es la poesía
15 Que es inmortal y pobre. La poesía
Vuelve como la **aurora** y el ocaso.

A veces en las tardes una cara
Nos mira desde el fondo de un espejo;
El arte debe ser como ese espejo
20 Que nos revela nuestra propia cara.

———
[1] outrage

LITERATURA ADICIONAL

READER'S SUCCESS STRATEGY To establish his thinking about identity and time, Borges uses complex descriptions. As you read each section of the selections, try to restate difficult sentences in your own words. Look for context clues to help you figure out meaning.

READING TIP "Arte poética" refers to the author's point of view about eternity. Pay attention to the elements that he compares with time.

A pensar...

In the poem, Borges includes several comparisons that might sound contradictory. Choose one and explain what you think the author means. **(Analyze)**

_____
_____
_____
_____
_____
_____
_____
_____
_____
_____
_____

PALABRAS CLAVE
la vigilia *sleeplessness*   **la aurora** *dawn*
el ocaso *sunset*

«Arte poética» has a very particular rhyme pattern. In the boxed text, underline the words that rhyme by using different colors. Then write the pattern of the rhyme (ABAB, ABBA, or AABB) and tell what particularity you notice in these rhymes.

_____

_____

_____

_____

_____

_____

_____

_____

CHALLENGE Can you make any connection between «Borges y yo» and «Arte poética»? What elements of time and identity appear in both readings? Does the author express the same kinds of feelings in both works? Explain your ideas on the lines below. (Connect)

_____

_____

_____

_____

_____

_____

_____

_____

Cuentan que Ulises[2], harto de prodigios,
Lloró de amor al **divisar** su Itaca[3]
Verde y humilde. El arte es esa Itaca
De verde eternidad, no de prodigios.

25 También es como el río interminable
Que pasa y queda y es cristal de un mismo
Heráclito[4] inconstante, que es el mismo
Y es otro, como el río interminable.

---

[2] Greek hero, king of Ithaca   [3] Greek island
[4] Greek philosopher who stated that strife and change
are the natural conditions of the universe

PALABRAS CLAVE
divisar   _to discern_

Vocabulario de la lectura

Palabras clave

el arrabal *suburb*

la aurora *dawn*

divisar *to discern*

idear *to think up, to invent*

el ocaso *sunset*

la terna *list of three candidates*

tramar *to plan a difficult project*

la vigilia *sleeplessness*

A. En la línea que aparece al lado de cada par de palabras, escribe si éstas son **sinónimos** o **antónimos**. Recuerda que los sinónimos son palabras que tienen el mismo significado mientras que los antónimos tienen significados opuestos.

1. divisar – perder _____

2. vigilia – sueño _____

3. alba – ocaso _____

4. tramar – pensar _____

5. aurora – amanecer _____

B. Para explicar la relación entre los dos Borges de «Borges y yo», haz un círculo alrededor de la **palabra clave** que mejor complete cada oración.

1. Uno de los Borges aparece en una (terna / vigilia) de profesores.

2. El Borges que narra, en sus comienzos escribía sobre el (arrabal / ocaso).

3. Borges menciona a Ulises (divisando / tramando) su Itaca.

4. Un Borges deja que el otro (trame / idee) su literatura.

5. Borges, el narrador, ya no quiere escribir sobre el infinito. Él quiere (divisar / idear) otras cosas.

¿Comprendiste?

1. «Borges y yo» trata de dos identidades. ¿Cuál de las dos está narrando la historia?

_____

_____

2. ¿Borges cosidera que su trabajo literario ha tenido valor? ¿Cómo lo expresa?

_____

_____

3. ¿Qué temas desarrolló el autor durante sus obras y cuáles son sus planes para el futuro?

_____

_____

_____

4. En «Arte poética», ¿qué significa el verso «el arte debe ser como ese espejo»?

_____

_____

5. ¿Qué significa la comparación con Ulises?

_____

_____

Conexión personal

¿Alguna vez has sufrido un conflicto de identidad? ¿Has pensado que lo que haces no siempre coincide con lo que sientes? Escribe tus experiencias en el espacio de abajo. Además de tus sentimientos, también puedes incluir lugares en los que has vivido, con los que no te hayas sentido identificado(a). Si no has sufrido esos conflictos, explica cuál es el motivo de tu seguridad.

Yo experimenté lo siguiente:

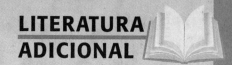

Para leer   *Un cuentecillo triste*

Reading Strategy

ANALYZE TEXT STRUCTURE Writers of fiction present details
about the characters and the setting and organize the information
in various ways. Writers may use comparison and contrast,
chronological order, or spatial order. When you analyze text
structure, look for one of these patterns. Practice analyzing text
structure by reading the first two pages of "Un cuentecillo triste."
Then answer the questions in the chart below.

Un cuentecillo triste	
¿En cuántas partes dividirías esta sección?	
¿Qué oración indica el comienzo de cada parte?	
¿Cuál es la idea principal de cada parte?	
Escribe algunas palabras del cuento que indiquen la idea general.	

What You Need to Know

Personal advertisements in newspapers and magazines are very popular
all over the world, and Latin America is no exception. Many of these
ads help people that are alone or shy to meet somebody and start a
relationship. Some of the personal ads are placed individually by each
person, but in general they are managed by professional agencies.
The agencies file a record of each person, including his or her resume,
qualities, personal interests, and photographs. In many cases, these
meetings end in good friendships and sometimes people even get
married. But very often, people get disenchanted because they don't
see the results they were expecting. In *"Un cuentecillo triste"*
Gabriel García Márquez narrates the story of such a meeting.

READING TIP This selection is short but has many details. Try to picture the characters and the setting in your mind. Pay attention to the short dialogues and the reactions of each character.

APUNTES

A pensar...

Why does the man place the ad? Why do you think he does not have another alternative to get what he wants? **(Draw Conclusions)**

Sobre el autor

Gabriel García Márquez nació en Aracataca, Colombia en 1928. Es uno de los exponentes del realismo mágico, por lo que en sus obras habla de la realidad colombiana dándole un toque fantástico. La política casi siempre está presente en sus trabajos, y muchas veces ha tenido problemas de censura. Trabajó como periodista y tuvo su propia columna en el periódico *El Heraldo*, donde publicó artículos y cuentos cortos, como «Un cuentecillo triste». Sus obras han ganado prestigio internacional; entre ellas figuran *Cien años de soledad*, *Relato de un náufrago* y *El amor en los tiempos del cólera.* García Márquez formó parte del «boom» de escritores latinoamericanos que estalló en la década de 1960. En el año 1982 recibió el premio Nobel de literatura.

Un cuentecillo triste

Se aburría de tal modo los domingos en la tarde, que resolvió conseguir una novia. Fue al periódico e insertó un aviso en la sección de clasificados: «Joven de 23 años, 1.72, cuyo[1]
5 único defecto es aburrirse los domingos en la tarde, desea probar relaciones con una muchacha de su misma edad».

Aguardó tres días. Uno de ellos, domingo, estuvo al borde del suicidio, parado tres
10 horas en una esquina, viendo el pasar de las gentes. Pero el martes recibió una carta. Era una muchacha que decía ser amable y comprensiva y que consideraba ser la mujer ideal para un hombre como él, porque ella
15 también se aburría los domingos en la tarde. Le pareció que aquélla era la mujer apropiada.

---
[1] whose

Le contestó. Ella volvió a escribirle el viernes y le envió un retrato. No era bonita, pero tenía **facciones** agradables y jóvenes. Él le mandó,

20 a su vez, un retrato, suyo. Y el viernes, cuando ya el domingo se aproximaba como un fantasma largamente **temido,** se pusieron de acuerdo para encontrarse el domingo a la una de la tarde en un establecimiento de la ciudad.

25 Él llegó a la una en punto con su mejor vestido, bien peinado y con una revista que compró el sábado. Ella estaba esperándolo, visiblemente emocionada, en una de las mesas del fondo. La reconoció por el retrato y por la

30 **ansiedad** con que miraba hacia la puerta de entrada.

—Hola —dijo él.

Ella sonrió. Le tendió la mano, le dijo un musical: «Qué hubo», mientras él se sentaba a

35 su lado. Él pidió una limonada. Ella dijo que prefería seguir con el helado. Mientras el mozo[2] traía el **pedido,** él le dijo: «¿Tenías mucho tiempo de estar aquí?» Y ella dijo: «No mucho. Cinco minutos a lo sumo[3]». Él sonrió

40 comprensivamente, en el instante en que llegaba el mozo con la limonada. Empezó a tomarla con lentitud, mirándola mientras lo hacía. Ella volvió a sonreír. Hizo: «Ji, ji, ji». Y a él le pareció una manera muy curiosa de reírse.

---

[2] waiter   [3] at the most

PALABRAS CLAVE
las facciones   *features (of face)*   **la ansiedad**   *anxiety*
temido(a)   *feared*   **el pedido**   *order*

READER'S SUCCESS STRATEGY   Apparently, there is a communication problem between the characters. To help understand the situation, highlight the phrases and sentences in quotation marks and read them aloud.

APUNTES

MÁRCALO ▷ **ANÁLISIS**
Onomatopoeia is the formation of a word by imitating the natural sound associated with the object or action involved. Read the boxed text and highlight the onomatopoeia. Explain what it means.

A pensar...

How do the two characters introduce themselves? What is the relevance of the day that they mention? **(Evaluate)**

CHALLENGE Why do you think the couple fell asleep in the movie theater? Do you believe they had other expectations of each other? If the story continued, what kind of excuses do you think they would give? Is there any chance that they can make this relationship work? Why? **(Predict)**

45 «Te traje esta revista», dijo. Ella la tomó en sus manos, la hojeó. Siguió hojeándola **displicentemente** hasta cuando él acabó de comerse el huevo, en medio de un profundo silencio sin salida, eterno, definitivo, que sólo
50 se rompió cuando él miró el reloj de pared y dijo: «Qué barbaridad[4]. Ya van a ser las dos». Y le preguntó: «¿Salimos?» Y ella dijo que sí.

En la calle, después de haber caminado en silencio varias cuadras[5], ella le preguntó:
55 «¿Siempre te aburres los domingos?» Él dijo que sí y ella dijo: «Qué casualidad, yo también». Él sonrió. Dijo: «Bueno, siquiera hoy está haciendo un hermoso día». Ella volvió a reírse con su curioso: «ji, ji, ji» y dijo
60 finalmente: «Es que ya viene diciembre».

A las tres y media, antes de que hubieran hablado más de veinte palabras, pasaron frente a un teatro y él dijo: «¿Entramos?» Y ella dijo: «Bueno». Entraron. Ella lo
65 esperó mientras el portero[6] le entregaba las **contraseñas.** Le dijo: «¿Te gustan los asientos de atrás?» Él dijo que sí. Y como la película era dramática, él apoyó las rodillas en el asiento delantero[7] y se quedó dormido. Ella
70 estuvo despierta diez o quince minutos más. Pero al fin, después de **bostezar** diez veces, se **acurrucó** en la **butaca** y se quedó dormida.

---

[4] **Qué...** My goodness! [5] blocks
[6] Colombian word for *ticket taker* [7] in front (of him)

PALABRAS CLAVE

displicentemente *indifferently*	**acurrucarse** *to get cozy and*
la contraseña *readmission ticket*	*comfortable*
bostezar *to yawn*	**la butaca** *seat*

Vocabulario de la lectura

Palabras clave

acurrucarse   *to get cozy and comfortable*

la ansiedad   *anxiety*

bostezar   *to yawn*

la butaca   *theater seats*

la contraseña   *readmission ticket*

displicentemente   *indifferently*

facciones   *features (of face)*

el pedido   *order*

temido(a)   *feared*

A. Completa el crucigrama con las **palabras clave** correctas.

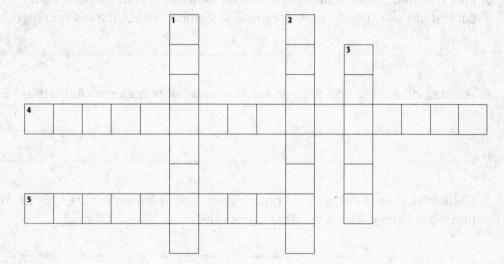

Horizontales

4. Virginia me habló... sin interés.

5. Julián salió del cine a comprar palomitas. Tuvo que mostrar su...

Verticales

1. Teresa sufre de... ; siempre está apurada por todo.

2. Rodolfo tenía tanto sueño que empezó a...

3. Finalmente, Marisa se decidió a tomar ese examen tan...

B. Las siguientes oraciones están relacionadas con «Un cuentecillo triste». Completa cada una con la **palabra clave** correcta. Escribe los verbos en su forma correcta.

1. El joven vio una foto de la muchacha y pensó que tenía _____ agradables.

2. El día del encuentro, la muchacha lo estaba esperando con mucha _____.

3. El mozo trajo el _____: una limonada para el joven.

4. Luego fueron al cine. Él apoyó sus piernas en la _____ de adelante.

5. Un rato después, ella se _____ y se durmió.

¿Comprendiste?

1. ¿Qué tipo de persona es el joven?

_____

2. ¿Cuál fue su reacción al recibir la fotografía de la muchacha?

_____

3. Para que el encuentro hubiera sido más agradable, ¿qué debería haber contestado ella cuando él le preguntó si siempre se aburría los domingos?

_____

4. ¿La idea de ir a ver una película fue buena o había mejores alternativas? Explica.

_____

_____

5. ¿Definirías el final del cuento como trágico o simplemente triste? ¿Es un final previsible (*foreseeable*) o sorpresa? ¿Por qué?

_____

_____

Conexión personal

¿Alguna vez te has citado con alguien por medio del periódico o por anuncios en la radio? ¿Conoces a alguien que lo haya hecho? ¿Crees que este tipo de encuentros puede tener consecuencias positivas o generalmente fallan? Explica tu opinión en el espacio de abajo.

Los encuentros por medio de avisos...

_____

_____

_____

_____

_____

_____

Academic and Informational Reading

In this section you'll find strategies to help you read all kinds of informational materials. The examples here range from magazines you read for fun to textbooks to bus schedules. Applying these simple and effective techniques will help you be a successful reader of the many texts you encounter every day.

Reading a Magazine Article

A magazine article is designed to catch and hold your interest. Learning how to recognize the items on a magazine page will help you read even the most complicated articles. Look at the sample magazine article as you read each strategy below.

A Read the **title** and other **headings** to see what the article is about. The title often presents the main topic of the article.

B Study **visuals**, such as pictures, maps, and photographs. These elements add interest and information to the article.

C Notice any **quotations.** Who is quoted? Evaluate whether the person is a reliable source on the subject.

D Think about the author's **explanations** as you read. These often include comparisons that help readers understand new concepts.

E Pay attention to **special features,** such as bulleted lists, charts, tables, and graphs. These provide detailed information on the topic.

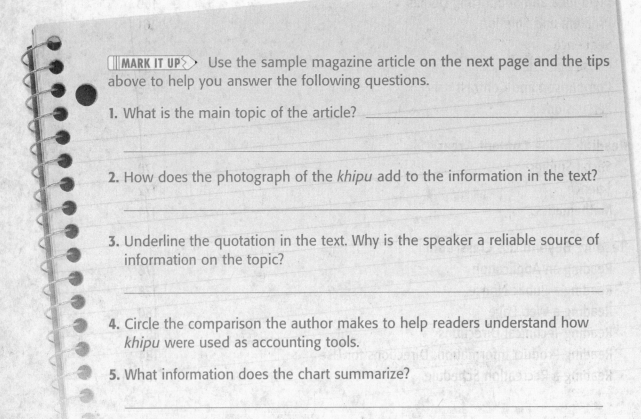

MARK IT UP Use the sample magazine article on the next page and the tips above to help you answer the following questions.

1. What is the main topic of the article? _____

_____

2. How does the photograph of the *khipu* add to the information in the text?

_____

3. Underline the quotation in the text. Why is the speaker a reliable source of information on the topic?

_____

4. Circle the comparison the author makes to help readers understand how *khipu* were used as accounting tools.

5. What information does the chart summarize?

_____

A Untying the Knots:
New Theory of Incan Writing

At the height of their reign—from the mid-15th to the mid-16th centuries—the Inca controlled the entire western coast of South America. They created advanced economic and governmental systems, extensive roads and irrigation networks, and magnificent stone monuments. But, as far as anthropologists knew, the Inca had no system of writing. A recent discovery challenges that long-held assumption.

Professor Gary Urton of Harvard University believes he has discovered not only that the Inca had a writing system, but that it is totally unique. This system, he says, consisted of knotted strings hung on moplike structures called *khipu*. Scholars have known about *khipu* for years, but believed they served as accounting tools—sort of like a fiber abacus. They were thought to be a method of keeping track of numbers, not a way of recording words.

Dr. Urton turned this interpretation around. Ten years of research have led him to believe that the knotted strings were an early form of writing. Meaning was encoded in the way the knots were tied and the pattern in which they were arranged.

E
Unique Traits of Incan Knot Writing	
Incan Knot Writing	**Other Writing Systems**
three-dimensional—knots tied in string hung on a frame	two-dimensional—symbols recorded on clay, stone, or paper
binary—two symbols (knot or no knot), like a computer code	multiform—alphabets consisting of many symbols or letters
coded in sequences of seven symbols	coded in varying sequences of symbols or letters

In support of Dr. Urton's interpretation, Dr. Heather Lechtman, an archaeologist at M.I.T., said, "It doesn't surprise me that people would have thought of using *khipu* perhaps for some sort of writing system." Dr. Urton plans to input the sequences of knots he has analyzed into a computer to help people break the Incan writing code—and possibly rewrite history.

Reading a Textbook

The first page of a textbook lesson introduces you to a particular topic. The page also provides important information that will guide you through the rest of the lesson. Look at the sample textbook page as you read each strategy below.

A Preview the **title** and other **headings** to determine the lesson's main topic and related subtopics.

B Read the main **idea, objective,** or **focus.** These items summarize the lesson and help set a purpose for your reading.

C Look for a list of terms or **vocabulary words** at the start of each lesson. These words will be identified and defined throughout the lesson.

D Find words set in special type, such as **italics** and **boldface.** Look for definitions before or after these terms.

E Notice any **special features,** such as extended text enclosed in a tinted box. These may include **direct quotations** from a **primary source** that provided firsthand information or perspective on a topic.

F Examine **visuals,** such as photographs and illustrations, and read their **captions.** Visuals add information and interest to the topic.

⫸MARK IT UP⫸ Use the sample textbook page and the strategies above to help you answer the following questions.

1. What is the primary topic of this lesson? _____

_____

2. Circle the vocabulary term that is highlighted on this page.

3. Draw a box around the main idea of the lesson.

4. What firsthand information does the quotation in the tint box provide?

_____

5. What is unique about the painting of Christopher Columbus?

_____

1 Spanish Conquests in the Americas

TERMS & NAMES
- Christopher Columbus
- colony
- Hernando Cortés
- conquistadors
- Montezuma II
- Francisco Pizarro
- mestizo
- *encomienda*

B

MAIN IDEA	WHY IT MATTERS NOW
The voyages of Columbus prompted the Spanish to carve out the first European colonies in the Americas.	Throughout the Americas, Spanish culture, language, and descendants are the legacy of this period.

D **SETTING THE STAGE** As you read in the previous chapter, competition for wealth in the East among European nations was fierce. This competition prompted sea captain **Christopher Columbus** to make a daring voyage for Spain in 1492. Instead of sailing east, Columbus sailed west across the Atlantic in search of an alternate trade route to Asia and its riches. Columbus never reached Asia. Instead he stepped onto an island in the Caribbean. That event set in motion a process that would bring together the peoples of Europe, Africa, and the Americas. And the world would change forever.

Columbus's Voyage Paves the Way

No one paid much attention as the *Niña, Pinta,* and *Santa María* slid out of a Spanish port around dawn on August 3, 1492. In a matter of months, however, Columbus's fleet would make history. It would reach the shores of what was to Europeans an astonishing new world.

First Encounters In the early hours of October 12, 1492, the long-awaited cry came. A lookout aboard the *Pinta* caught sight of a shoreline in the distance. *"Tierra! Tierra!"* he shouted. "Land! Land!" By dawn, Columbus and his crew were ashore. Thinking he had successfully reached the East Indies, Columbus called the surprised inhabitants who greeted him, *los indios.* The term translated into "Indian," a word mistakenly applied to all the native peoples of the Americas. In his memoirs, Columbus recounted his first meeting with the native peoples:

THINK THROUGH HISTORY
A. Clarifying
Why did Columbus refer to Native Americans as Indians?
A. Possible Answer
Because he thought he had reached the East Indies.

E

A VOICE FROM THE PAST

I presented them with some red caps, and strings of glass beads to wear upon the neck, and many other trifles of small value, wherewith they were much delighted, and became wonderfully attached to us. Afterwards they came swimming to the boats where we were, bringing parrots, balls of cotton thread, javelins, and many other things which they exchanged for the articles we gave them . . . in fact they accepted anything and gave what they had with the utmost good will.

CHRISTOPHER COLUMBUS, *Journal of Columbus*

F

This portrait of Christopher Columbus was painted by the Spanish artist Pedro Berruguete, who lived at the same time. It is believed to be the most accurate depiction of the Italian sea captain.

Columbus, however, had miscalculated where he was. He had not reached the East Indies. Scholars believe he landed instead on an island in the Bahamas in the Caribbean Sea. The natives there were not Indians, but a group who called themselves the Taino. Nonetheless, Columbus claimed the island for Spain. He named it San Salvador, or "Holy Savior."

Columbus, like other explorers, was interested in gold. Finding none on San Salvador, he explored other islands throughout the Caribbean, staking his claim to each one. "It was my wish to bypass no island without taking possession," he wrote.

In early 1493, Columbus returned to Spain. The reports he relayed about his journey delighted the Spanish monarchs. Spain's rulers, who had funded his first voyage, agreed

The Atlantic World **483**

Reading a Chart

Charts summarize information in an organized way for easy reference and comparison. The following tips can help you read a chart quickly and accurately. Refer to the example as you read each strategy.

A Look at the **title** to find out the content of the chart.

B Read the **introduction** to get a general overview of the information included in the chart.

C Examine the **heading** of each row and column. To find specific information, locate the place where a row and column intersect.

A **It's All Downhill: Recreational v. Speed Skiing**

B This chart shows statistics for two skiers in Bariloche, Argentina.

Time (seconds)	Distance traveled (feet)	
	Recreational skier	**Speed skier**
10	220	2040
20	440	4080
30	660	6120
40	880	8160

MARK IT UP Use the chart to answer the following questions.

1. What is the purpose of this chart?

_____

2. After 20 seconds, how far has the speed skier traveled? Circle the answer in the chart.

3. How would you determine each skier's speed in feet per second?

_____

4. About how many times faster than the recreational skier is the speed skier traveling?

_____

5. Which skier's distance is increasing more rapidly?

_____

Reading a Map

To read a map correctly, you have to identify and understand its elements. Look at the map below as you read each strategy in this list.

A Read the **title** to understand the content of the map.

B Study the **legend,** or **key,** to find out what the symbols and colors on the map stand for.

C Look at **geographic labels** to understand specific places on the map.

D Locate the **compass rose,** or **pointer,** to determine direction.

E Look at the **scale** to understand what each unit of measurement on the map represents in real distance.

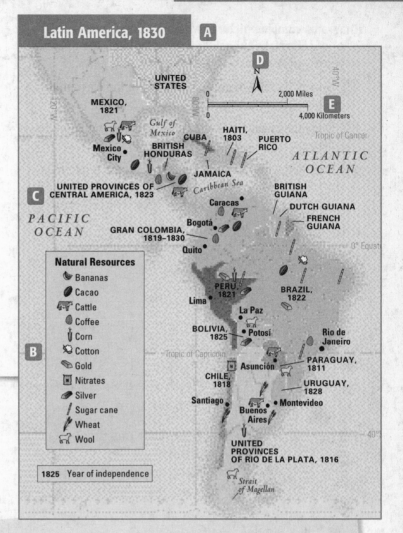

Latin America, 1830

Natural Resources
- Bananas
- Cacao
- Cattle
- Coffee
- Corn
- Cotton
- Gold
- Nitrates
- Silver
- Sugar cane
- Wheat
- Wool

1825   Year of independence

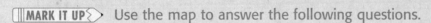

MARK IT UP Use the map to answer the following questions.

1. What does this map show? _____

_____

2. Which country has the greatest number of different natural resources?

_____

3. Put a check mark next to the country that produces the most sugar cane.

4. What is the year of independence of Bolivia?

_____

Reading a Diagram

Diagrams combine pictures with a few words to provide a lot of information. Look at the example on the opposite page as you read each of the following strategies.

A Look at the **title** to get an idea of what the diagram is about.

B Study the **images** closely to understand each part of the diagram.

C Look at the **captions** and the **labels** for more information.

MARK IT UP Study the diagram, then answer the following questions using the strategies above.

1. What is the purpose of this diagram? _____

_____

2. Underline the type of rock that is formed directly from sediments.

3. How is lava formed? _____

_____

4. What happens when heat and/or pressure is applied to sedimentary rock?

_____

5. Which processes are necessary for the formation of sediments?

_____

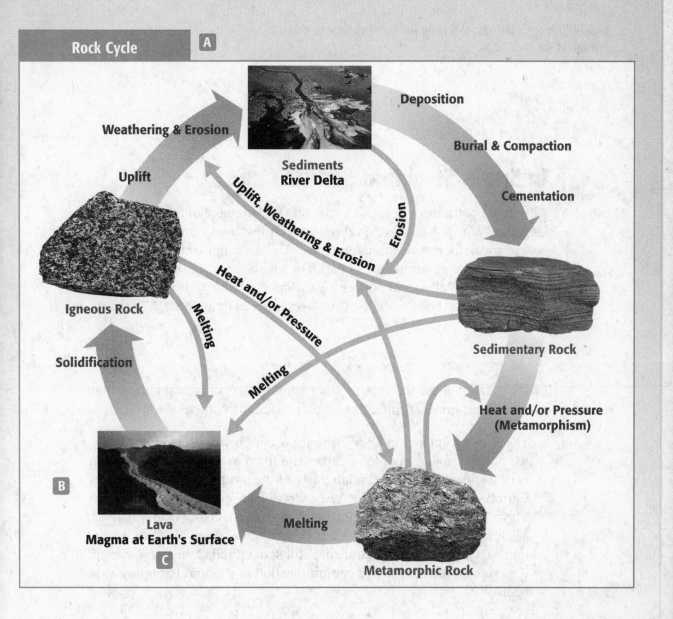

Rock Cycle A

Deposition

Weathering & Erosion

Uplift

Sediments
River Delta

Burial & Compaction

Cementation

Uplift, Weathering & Erosion

Erosion

Igneous Rock

Heat and/or Pressure

Melting

Solidification

Melting

Sedimentary Rock

Heat and/or Pressure
(Metamorphism)

B

Lava
Magma at Earth's Surface

C

Melting

Metamorphic Rock

Main Idea and Supporting Details

The *main idea* in a paragraph is its most important point. Details in the paragraph support the main idea. Identifying the main idea will help you focus on the main message the writer wants to communicate. Use the following strategies to help you identify a paragraph's main idea and supporting details.

- Look for the **main idea,** which is often the first sentence in a paragraph.

- Use the main idea to help you **summarize** the point of the paragraph.

- Identify specific **details,** including facts and examples, that **support** the main idea.

In Spain Se Habla Spanish and . . .

Main idea

Although Castilian, or Spanish, is the official language of Spain, several other languages are spoken there. In three geographic areas of the country, the people speak their own unique tongues. The language of the part of eastern Spain known as Cataluña is Catalán. The inhabitants of northwest Spain, or Galicia, speak Gallego. In northern País Vasco, Euskera, or Vascuence is still spoken, as it has been since the Romans settled in Spain over 2,200 years ago.

Details

MARK IT UP Read the following paragraph. Circle the main idea. Then underline and number three details that support the main idea.

The Spanish spoken in Latin America is enriched with words from the native languages of the people who lived in those countries before they were colonized. 1. The language of the indigenous peoples of the Caribbean was Taíno. 2. The Aztecs of Mexico spoke Náhuatl and the Maya of Guatemala, Maya-quiché. 3. The language of Nicaragua was Miskito; of Peru, Quechua; and of Paraguay, Guaraní. Náhuatl, Maya-quiché, Quechua, and Guaraní are still spoken today. In fact, Guaraní is as recognized a means of communication in modern Paraguay as is Spanish.

Problem and Solution

Does the proposed solution to a problem make sense? In order to decide, you need to look at each part of the text. Use the following strategies to read the text below.

- Look at the beginning or middle of a paragraph to find the **statement of the problem.**

- Find **details** that explain the problem and tell why it is important.

- Look for the **proposed solution.**

- Identify the **supporting details** for the proposed solution.

- Think about whether the solution is a good one.

If You Can't Read This, We Can Help

by Ariel Sánchez

Statement of a problem

According to the cover story in the latest *Westside Weekly*, almost 20% of the junior class is reading at or below the fifth-grade level. Some of these students are having trouble because English is their second language.

Explanation of problem

Others are just casualties of our educational system whose special needs were never recognized. If these students don't somehow dramatically improve their skills, they will lose their chance to become productive members of society.

The students in my English class decided to address this problem by setting up a tutoring center. The administration has given us permission to use our classroom after school hours. Our English teacher and one of the Spanish teachers have offered to train tutors, provide materials, and serve as consultants.

We think that this is an ideal solution to the problem for several reasons. First, poor readers are more likely to admit their problem and accept help from their peers. They will receive the individualized help they need in a nonjudgmental setting. Second, the tutoring sessions will be kept private. There will be no stigma attached to attending. Finally, tutors will have a chance to hone their own skills.

You don't have to read between the lines to see that this is a win-win solution to a serious problem.

⫴MARK IT UP⟩ Use the text and strategies above to answer these questions.

1. Circle the proposed solution.

2. Underline at least one detail that supports the solution.

3. Explain why you think this is or is not a good solution to the problem.

_____

_____

Sequence

Understanding the *sequence*, or order of events, in what you read can help you learn what happens and why. The tips below can help you identify sequence in any type of text.

- Read through the passage and identify its **main steps** or stages.

- Look for **words and phrases that signal time,** such as *August 24, 1899, in 1921,* and *at noon.*

- Look for **words and phrases that signal order,** such as *after he graduated, the next year,* and *now.*

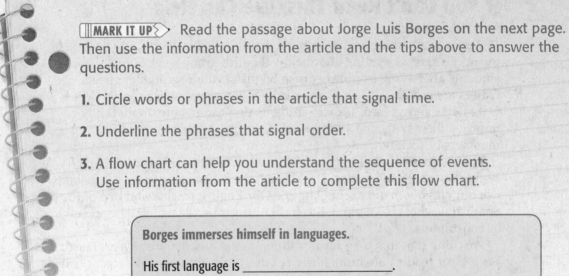

⫼MARK IT UP⟩ Read the passage about Jorge Luis Borges on the next page. Then use the information from the article and the tips above to answer the questions.

1. Circle words or phrases in the article that signal time.

2. Underline the phrases that signal order.

3. A flow chart can help you understand the sequence of events. Use information from the article to complete this flow chart.

Borges immerses himself in languages.

His first language is _____.

↓

He writes his first book in Spanish.

This book of poems, _____, is published in 1923.

↓

He expands his literary talents.

He delves into his inner world of _____.

↓

Borges continues writing after going blind.

In 1980, he is awarded Spain's prestigious_____.

Jorge Luis Borges: A Labyrinth of a Life

Argentinean writer and poet Jorge Luis Borges was born into a wealthy Buenos Aires family on August 24, 1899. Having both a grandmother and a governess who were British, he learned English before he learned Spanish. It was always assumed that Borges would become a writer.

He began writing and translating as a child and continued to expand his command of languages while his family was in Switzerland during World War I. Borges went to high school in Geneva, where he studied Latin, German, and French. After he graduated, he attended Cambridge University in England.

Moving to Spain with his family in 1919, Borges joined a group of writers called the Ultraists. He wrote essays and poetry in English and French as well as Spanish during that time. It was his return to Argentina in 1921, however, that provided the emotion, the material—and the language—for his first published work. His book of poems *Fervor de Buenos Aires—The Passion of Buenos Aires*—appeared in 1923.

Borges continued developing as a writer, exploring his inner world of fantasy and dreams, and blurring the distinctions between prose and poetry.

Ironically, just as his artistic vision was blossoming, he began losing his sight. By 1955, he was totally blind. To keep writing, he relied on dictation.

Borges' first books to be translated into his first language, English, were *Ficciones* and *Labyrinths*, both published in 1962. Borges won Spain's most prestigious literary award, the Cervantes Prize, in 1980. He died in Switzerland on June 14, 1986.

In the final words of his poem, "Elegy," Borges summarizes the labyrinthine path of his life:

"Oh destiny of Borges, perhaps no stranger than your own."

Cause and Effect

A *cause* is an event that brings about another event. An *effect* is something that happens as a result of the first event. Identifying causes and effects helps you understand how events are related. Use the tips below to find causes and effects in any kind of reading.

- Look for an action or event that answers the question, "What happened?" This is the **effect.**

- Look for an action or event that answers the question, "Why did this happen?" This is the **cause.**

- Look for words or phrases that **signal** causes and effects, such as *because, as a result, therefore, consequently,* and *since.*

⫼MARK IT UP⟫ Read the cause-and-effect passage on the next page. Then use the strategies above to help you answer the following questions.

1. Circle the words in the passage that signal causes and effects. The first one has been done for you.

2. What was the overall impact of the Columbian Exchange?

_____

3. Complete the following diagram detailing the positive and negative effects of the Columbian Exchange.

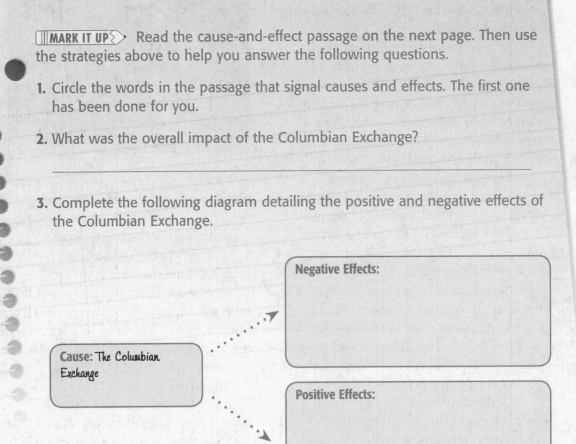

Negative Effects:

Cause: The Columbian Exchange

Positive Effects:

The Columbian Exchange

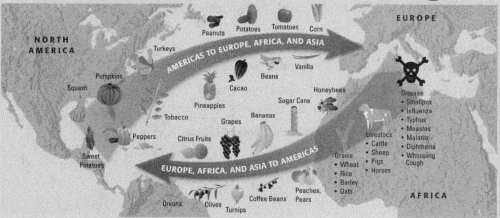

The arrival of the Spanish in the Americas brought more than a clash of peoples and cultures. It also brought a movement of plants, animals, and diseases between the Eastern and Western Hemispheres. This movement of living things between hemispheres is called the Columbian Exchange.

One result of the Columbian Exchange was the transfer of germs from Europe to the Americas. When Europeans came to America, they brought with them germs that caused diseases such as smallpox, measles, and influenza. Native Americans had no immunity to these germs. Therefore, they died.

Although exact numbers are unknown, historians estimate that the diseases brought by Europeans killed more than 20 million Native Americans in Mexico in the first century after conquest. Many scholars agree that the population of Native Americans in Central America decreased by 90 to 95 percent between the years of 1519 and 1619. The consequences were similar in Peru and other parts of the Americas.

Other effects of the Columbian exchange were more positive. The Spanish brought many plants and animals to the Americas. European livestock—cattle, pigs, and horses—adapted well to life in the Americas. Crops from the Eastern Hemisphere, such as grapes, onions, and wheat, also thrived in the West.

The Columbian Exchange benefited Europe, too. Many American crops became part of the European diet. Two that had a huge impact were potatoes and corn. Because they are highly nutritious, they helped feed European populations that might otherwise gone hungry. Potatoes, for example, became an important food in Ireland, Russia, and other parts of northern Europe. Without potatoes, Europe's population might not have grown as rapidly as it did.

By mixing the products of two hemispheres, the Columbian Exchange brought the world closer together.

Comparison and Contrast

Comparing two things means showing how they are the same. *Contrasting* two things means showing how they are different. Comparisons and contrasts are often used in science and history books to make a subject clearer. Use these tips to help you understand comparison and contrast in reading assignments such as the article on the opposite page.

- Look for **direct statements** of comparison and contrast. "These things are similar because…" or "One major difference is…"

- Pay attention to **words and phrases that signal comparisons**, such as *also, both, is the same as,* and *in the same way.*

- Notice **words and phrases that signal contrasts**. Some of these are *however, still, but,* and *in contrast.*

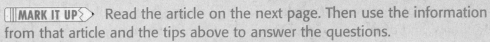 Read the article on the next page. Then use the information from that article and the tips above to answer the questions.

1. Circle the words and phrases that signal comparisons, such as the sample.

2. Underline the words and phrases that signal contrasts. One has been done for you.

3. A chart can help you compare and contrast the characteristics of two subjects. Complete this chart about tortilla and potato chips, using information from the article on the next page.

Characteristics	Tortilla chips	Potato chips
Main ingredient	Corn	
Calories from fat		
Sodium		
Protein		
Options		Sweet potatoes, various flavors

CHOOSE ⊠ YOUR CHIP

Tortilla and potato chips are top snack choices among Americans of all ages. Some snackers are happy munching on anything salty that crunches. Others are devoted fans of one chip or the other. Here's a look at some facts about these popular snacks.

While tortilla chips are made from corn, potato chips are made from—you guessed it, potatoes. Both chips are traditionally prepared by frying in vegetable oil with lots of salt, although baked versions are also available. Surprisingly, tortilla chips are lighter than potato chips. A 1-oz. serving includes about 17% more tortilla chips than potato chips—24 as opposed to 20.

Neither snack is featured in weight-loss diets, and for good reason. Both chips are loaded with calories and fat.

Although both chips are salty, tortilla chips are relatively less so. A serving of either tortilla or potato chips contains a few grams of protein—not much considering that the same amount of dry cereal has about three times that much. Then again, people choose chips for their taste and texture, not their food value.

As for taste, devotees of both chips have numerous flavor options. Tortilla chip lovers can choose chips made from blue corn or seasoned with salsa, nacho spices, ranch dressing, or guacamole. Similarly, potato chips come made from sweet potatoes or in barbecue, cheese, sour-cream-and-onion, or salt-and-vinegar flavors, to name just a few possibilities. The choices are copious, and up to you. But don't forget, chips are only a tasty snack. People should not eat them in excess or use them to replace a good balanced diet.

TORTILLA CHIPS

Nutrition Facts

Serving Size 1 oz. (28g/About 24 chips)
Servings Per Container About 14

Amount per Serving	
Calories 140	Calories from Fat 70

	% Daily Value*
Total Fat 8g	12%
Saturated Fat 1g	6%
Trans Fat 0g	**
Cholesterol 0mg	0%
Sodium 110mg	5%
Total Carbohydrate 17g	6%
Dietary Fiber 1g	4%
Sugars 0g	
Protein 2g	

* Percent Daily Values are based on a 2,000 calorie diet.

INGREDIENTS: White Corn, Vegetable Oil (Contains One or More of the Following: Corn, Sunflower, or Soybean Oil), and Salt.

POTATO CHIPS

Nutrition Facts

Serving Size 1 oz. (28g/About 20 chips)
Servings Per Container About 3

Amount per Serving	
Calories 150	Calories from Fat 90

	% Daily Value*
Total Fat 10g	15%
Saturated Fat 3g	15%
Trans Fat 0g	**
Cholesterol 0mg	0%
Sodium 180mg	8%
Total Carbohydrate 15g	5%
Dietary Fiber 1g	4%
Sugars 0g	
Protein 2g	

* Percent Daily Values are based on a 2,000 calorie diet.

INGREDIENTS: Potatoes, Corn and/or Cottonseed Oil, and Salt.

Persuasion

A *persuasion* is an opinion that is backed up with reasons and facts. After you carefully read an opinion and the reasons and facts that support it, you will be able to decide if the opinion makes sense. As you read these tips, look at the sample persuasion on the next page.

- Look for words or phrases that **signal** an **opinion,** such as *I believe, I think, in my opinion,* and *disagree.*

- Identify reasons, facts, or expert opinions that **support** the persuasion.

- Ask yourself if the argument and the reasons that back it up make **sense.**

- Look for **errors in reasoning,** such as overgeneralizations, that may affect the persuasion.

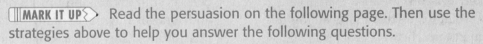 **MARK IT UP** Read the persuasion on the following page. Then use the strategies above to help you answer the following questions.

1. Circle any words or phrases that signal an opinion.

2. Underline any words or phrases that signal the writer's opinion.

3. The writer presents both sides of this persuasion. List the points supporting each side in the chart below.

Language requirement should be increased	Language requirement should not be increased
Knowledge of foreign language a necessary life skill	

Let's Raise the Language Requirement

by Luis Loma

Español

Italiano

Français

Deutsch

In our increasingly multicultural world, it's essential for people to be able to understand and communicate in more than one language. Our school currently requires students to complete two years of a foreign language. Although that provides a good foundation, I think the language requirement should be raised to three years.

Learning a foreign language is difficult for many students. It may require memorizing a whole new alphabet as well as unfamiliar vocabulary, grammar, and pronunciation. Foreign language students do not just have to learn facts, as in their other academic classes. In addition, they must use their knowledge of the language to communicate in both speaking and writing. In my opinion, these additional skills are not only quantitatively more demanding than those needed in other classes. They are also qualitatively different and more challenging.

For these reasons, I believe that two years of foreign language study is not long enough to give most students basic competence. In fact, statistics show that only 30% of students taking advanced placement foreign language tests receive college credit for their high school work. An additional year of study would allow students to become more comfortable with and fluent in the language. Those who plan to go on to college would get an academic boost. Those who do not would have gained an important life skill.

Several students I talked with disagree with my point of view. They say that other subjects are more important to them than foreign languages. They plan to pursue other academic majors and could use the extra year to take a science, a history, or an art course. Some teachers expressed concern that their workloads would increase.

As I see it, these objections are not as important as making sure that students get the best and most relevant education the school can provide. An additional year of language study would go a long way toward making this goal a reality.

Social Studies

Social studies class becomes easier when you understand how your textbook's words, pictures, and maps work together to give you information. Following these tips can make you a better reader of social studies lessons. As you read the tips, look at the sample lesson on the right-hand page.

A Look at any **headings** or **subheads** on the page. These give you an idea what the lesson is about.

B Make sure you know the meaning of any boldfaced or underlined **vocabulary terms.** These items often appear on tests.

C Notice **how information is organized.** Social studies books are often organized by chronological order, cause and effect, comparison and contrast, and main idea and supporting details.

D Carefully examine **visuals** and **captions.** Ask yourself how they relate to the text.

E Notice any **special features,** such as extended quotations, questions in the margins, or text in a tinted box. These features extend your understanding of the topic.

MARK IT UP Carefully read the textbook page at right. Use the information from the text and from the tips above to answer the questions.

1. Circle the main idea of this lesson.

2. Draw a box around the vocabulary terms that will be defined in this lesson.

3. How is the information in the two paragraphs at the bottom of the page organized, by main idea and supporting details or by comparison and contrast?

_____

4. Put a check mark by the caption on this page.

5. In addition to the text in One American's Story, which three features give more information about José Martí?

_____

_____

The Spanish- A
American War

B

TERMS & NAMES
yellow journalism
U.S.S. *Maine*
Spanish-American War
Rough Riders
Platt Amendment
Anti-Imperialist League
Luis Muñoz Rivera

MAIN IDEA	WHY IT MATTERS NOW
Independence movements in Spanish colonies led to the Spanish-American War in 1898.	U.S. involvement in Latin America and Asia expanded greatly after the Spanish-American War.

ONE AMERICAN'S STORY

José Martí was forced to leave Cuba in the 1870s, when he was still a teenager. In those years, the Caribbean island was a Spanish colony, and he had spoken out for independence. Martí later described the terrible conditions that existed under Spanish rule.

E

A VOICE FROM THE PAST

Cuba's children . . . suffer in indescribable bitterness as they see their fertile nation enchained and also their human dignity stifled . . . all for the necessities and vices of the [Spanish] monarchy.

José Martí, quoted in *José Martí, Mentor of the Cuban Nation*

After being forced out of Cuba, Martí spent much of his life in the United States. In 1892, he was elected to lead the Cuban Revolutionary Party. At the Party's headquarters in New York City, Martí began to plan a revolt against Spain that began in 1895.

Martí's lifelong struggle for Cuban independence made him a symbol of liberty throughout Latin America. In this section, you will read how U.S. disapproval of Spain's treatment of Cubans led to the Spanish-American War.

D José Martí dedicated his life to the Cuban struggle for independence from Spain.

Rebellion Against Spain

The Spanish empire was crumbling at the end of the 19th century. Spain had once controlled most of the Americas, including land that became part of the United States. By the 1890s, however, it owned only a few colonies. Among them were the Philippine Islands in the Pacific and the Caribbean islands of Cuba and Puerto Rico. (See the maps on page 665.) Many of the inhabitants of these colonies had begun to demand independence.

C

Cubans had revolted against Spain several times in the second half of the nineteenth century. Each time, Spanish soldiers defeated the rebels. In 1895, an ongoing economic depression had increased Cubans' anger over Spanish rule, and they rebelled again. José Martí, who had helped to organize the rebellion from New York, returned to Cuba. He was killed in a skirmish with Spanish troops shortly after, but the revolt continued.

Science

Reading a science textbook becomes easier when you understand how the explanations, drawings, and special terms work together. Use the strategies below to help you better understand your science textbook. Look at the examples on the opposite page as you read each strategy in this list.

A Preview the **title** and any **headings** to see what scientific concepts you will learn about.

B Read the **key ideas, objectives,** or **focus.** These items summarize the lesson and help set a purpose for your reading.

C Notice the **boldfaced** and **italicized** terms in the text. Look for the definitions of these terms.

D Carefully examine any **pictures, diagrams,** or **charts.** Read the **titles** and **captions** to see how the graphics help to illustrate the text.

E Look for places that discuss **scientific concepts** in terms of **everyday events** or **experiences.** Think about how these explanations improve your understanding.

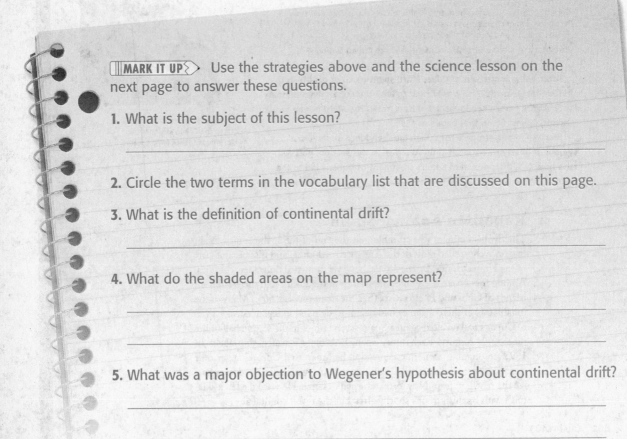

MARK IT UP Use the strategies above and the science lesson on the next page to answer these questions.

1. What is the subject of this lesson?

_____

2. Circle the two terms in the vocabulary list that are discussed on this page.

3. What is the definition of continental drift?

_____

4. What do the shaded areas on the map represent?

_____

_____

5. What was a major objection to Wegener's hypothesis about continental drift?

_____

_____

8.1

B KEY IDEA

The lithosphere is broken into rigid plates that move in relationship to one another on the asthenosphere.

KEY VOCABULARY

- plate tectonics
- continental drift
- mid-ocean ridge

A ## What Is Plate Tectonics?

Earth's lithosphere is broken into plates that move on the asthenosphere. In some places, the plates are moving toward each other. In other places, they are moving apart, and in others, they are sliding past each other. **C** **Plate tectonics** (tehk-TAHN-ihks) is a theory that describes the formation, movements, and interactions of these plates.

A ## Early Ideas About Plate Movements

The idea that Earth's surface might be moving is not new. The theory of plate tectonics developed from early observations made about the shapes of the continents and from fossil and climate evidence.

In the early 1500s, explorers using maps noted the remarkable fit of the shape of the west coast of Africa and the shape of the east coast of South America. In 1596, a Dutch mapmaker suggested that the two continents may have been part of a larger continent that had broken apart.

In 1912, a German scientist named Alfred Wegener (VAY-guh-nuhr) proposed a hypothesis called **continental drift.** According to this hypothesis, the continents have moved, or drifted, from one location to another over time. Wegener used many observations to support his hypothesis. In addition to the similarities in the shapes of the continents, he noted that the fossil remains of *Mesosaurus*, a reptile that lived about 270 million years ago, are found only in parts of South America and Africa. This strange distribution is easily explained if the two continents were once joined, as suggested by the map below. Distinctive rock formations found on both continents would have matched up with each other if the continents had been joined in the past. Climate change evidence further supports the continental drift hypothesis.

MAP *Mesosaurus* fossils have been found in South America and Africa, lending support to the hypothesis that the continents were once joined together.

One of the strongest objections to Wegener's hypothesis was that it did not explain *how* the continents moved. Wegener suggested that the continents might float on deeper, more fluid layers, and that Earth's internal heat could provide the energy needed to move the continents through these layers. He had no evidence to support that explanation, however. Scientists continued to debate Wegener's ideas about continental drift for a number of years. During his lifetime, Wegener continued his efforts to defend the continental drift hypothesis, but he was not successful.

D

AFRICA

SOUTH AMERICA

Areas in which mesosaurus fossils have been found

FOSSIL EVIDENCE This fossil *Mesosaurus* was found in Brazil. Similar fossils have been found in Africa. **E**

Mathematics

Reading in mathematics is different from reading in history, literature, or science. A math lesson has few words, but instead illustrates math concepts using numbers, symbols, formulas, equations, diagrams, and word problems. Use the following strategies, and the lesson on the next page, to help you better understand your math textbook.

A Preview the **title** and **headings** to see which math concepts you will learn about.

B Find and read the **goals** or **objectives** for the lesson. These will tell the most important points to know.

C Read **explanations** carefully. Sometimes a concept is explained in more than one way to make sure you understand it.

D Study any **worked-out solutions** to sample problems. These are the key to understanding how to do the homework assignment.

E Notice **special features,** such as study or vocabulary hints. These provide more help or information.

MARK IT UP Use the sample math page and the strategies above to help you answer these questions.

1. Circle the title of this lesson.

2. Underline the objective of the lesson. How does it build on skills you already have learned?

_____

_____

3. What must you do when multiplying or dividing each side of an inequality by a negative number?

_____

4. What process does the example problem demonstrate?

_____

5. What suggestion does the marginal note provide to help you learn this skill?

_____

A Solving Inequalities Using Multiplication or Division

BEFORE	▶ Now	WHY?
You solved equations using multiplication or division.	You'll solve inequalities using multiplication or division.	So you can find how many students must attend a dance, as in Ex. 26.

B

In the Real World

 **Word Watch**

Review Words
inequality, p. 140
solution of an inequality,
  p. 140
equivalent inequalities,
  p. 141

Bats About 15,000 fruit-eating bats live on Panama's Barro Colorado Island. Every year they consume up to 61,440,000 grams of fruit. About how many grams of fruit does each bat consume in a year? You will use an inequality to solve this in Example 3.

There is one important difference between solving inequalities and solving equations. When multiplying or dividing each side of an inequality by a negative number, you must *reverse the direction of the inequality symbol.*

C

Multiplication Property of Inequality

Words	**Algebra**
Multiplying each side of an inequality by a *positive* number makes an equivalent inequality.	If $4x < 10$, then $\left(\dfrac{1}{4}\right)(4x) < \left(\dfrac{1}{4}\right)(10)$.
Multiplying each side of an inequality by a *negative* number and *reversing the direction of the inequality symbol* makes an equivalent inequality.	If $-5x < 10$, then $\left(-\dfrac{1}{5}\right)(-5x) > \left(-\dfrac{1}{5}\right)(10)$.

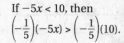 **with Notetaking**

E You might want to use a table to organize this information about reversing the inequality symbol.

D **EXAMPLE 1** Solving an Inequality Using Multiplication

$$-\frac{1}{8}n \geq 2 \qquad \text{Original inequality}$$

$$-8 \cdot \left(-\frac{1}{8}\right)n \leq -8 \cdot 2 \qquad \begin{array}{l}\text{Multiply each side by } -8.\\ \text{Reverse inequality symbol.}\end{array}$$

$$n \leq -16 \qquad \text{Simplify.}$$

Reading an Application

To get a part-time job or to register for summer camp or classes at the local community center, you will have to fill out an application. Being able to understand the format of an application will help you fill it out correctly. Use the following strategies and the sample on the next page to help you understand any application.

A **Begin at the top.** Scan the application to understand the different sections.

B Look for special **instructions for filling** out the application.

C Note any **request for materials** that must be included with the application.

D Pay attention to **optional sections,** or **those sections you don't have to fill in.**

E Look for difficult or confusing words or abbreviations. Look them up in a dictionary or ask someone what they mean.

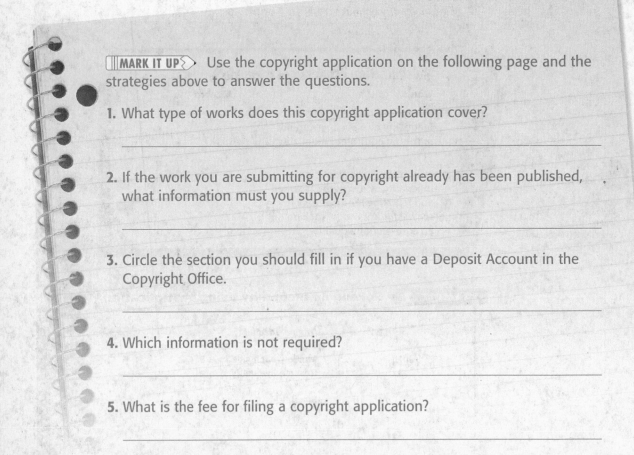

MARK IT UP Use the copyright application on the following page and the strategies above to answer the questions.

1. What type of works does this copyright application cover?

_____

2. If the work you are submitting for copyright already has been published, what information must you supply?

_____

3. Circle the section you should fill in if you have a Deposit Account in the Copyright Office.

_____

4. Which information is not required?

_____

5. What is the fee for filing a copyright application?

_____

6. ASSESSMENT PRACTICE Circle the letter of the correct answer. How many copies of an unpublished work must accompany the application?

    A. none   **B.** one   **C.** two   **D.** three

SHORT FORM TX

For a Nondramatic Literary Work

UNITED STATES COPYRIGHT OFFICE

Registration Number

TYPE OR PRINT IN BLACK INK. DO NOT WRITE ABOVE THIS LINE. **B**

A

Examined By _____

Correspondence _____

Title of This Work: Alternative title or title of larger work in which this work was published:	**1**	
Name and Address of Author and Owner of the Copyright: Nationality or domicile: Phone, fax, and email:	**2**	Phone (___) _____ F_____ ax (___) _____ Email _____
Year of Creation:	**3**	
If work has been published, Date and Nation of Publication:	**4**	a. Date _____ 　　　　Month　　　Day　　　Year b. Nation _____ 　　　(Month, day, and year all required)
Type of Authorship in This Work: Check all that this author created.	**5**	❑ Text (includes fiction, nonfiction, poetry, computer programs, etc.) ❑ Illustrations　❑ Photographs　❑ Compilation of terms or data
Signature: Registration cannot be completed without a signature.	**6**	*I certify that the statements made by me in this application are correct to the best of my knowledge.* Check one:　❑ Author　❑ Authorized agent X _____
D OPTIONAL **Name and Address of Person to Contact for Rights and Permissions:** Phone, fax, and email:	**7**	❑ Check here if same as #2 above. Phone (___) _____ F_____ ax (___) _____ Email _____

8 **Certificate will be mailed in window envelope to this address:**

Name _____

Number/Street/Apt. **E** _____

_____

City _____

State/ZIP _____

Complete this space only if you currently hold a Deposit Account in the Copyright Office.

9 Deposit Account # _____

Name _____

_____

DO NOT WRITE HERE　　　　Page 1 of _____ pages

▬▬▬▬▬ MAIL WITH THE FORM ▬▬▬▬▬

• A $30 filing fee in the form of a check or money order (*no cash*) payable to "Register of Copyrights,"

C　　　　**and**

• One or two copies of the work. If the work is unpublished, send one copy. If published, send two copies of the best published edition. (If first published outside the U.S., send one copy either as first published or of the best edition.)
Note: Inquire about special requirements for works first published before 1978. Copies submitted become the property of the U.S. Government.

Mail everything (**application form, copy or copies, and fee**) *in one package* to:
Library of Congress/Copyright Office
101 Independence Avenue, S.E.
Washington, D.C. 20559-6000

Reading a Public Notice

Public notices can tell you about events in your community and give you valuable information about safety. When you read a public notice, follow these tips. Each tip relates to a specific part of the notice on the next page.

A Read the notice's **title,** if it has one. The title often gives the main idea or purpose of the notice.

B See if there is a logo, credit, or other way of telling **who created the notice.**

C Search for information that explains **who should read the notice.**

D Look for **instructions**—things the notice is asking or telling you to do.

E See if there are details that tell you how to **find out more** about the topic.

⫼MARK IT UP⟩ Use the public notice on the next page and the strategies above to answer the questions.

1. What organization sponsored this notice?

   _____

2. Who is the intended audience of this notice?

   _____

3. When should comments and requests for hearing be received?

   _____

4. Where and when may documents about this issue be inspected and copied?

   _____

5. Circle the name of the person you should contact for more information about this issue.

6. **ASSESSMENT PRACTICE** Circle the letter of the correct answer.
   Controllers Inc. has applied for permission to
   A. comment on water pollution in Massachusetts.
   B. receive a tax reduction for contributing to the OEP.
   C. discharge materials into Massachusetts waters.
   D. advertise its company's services publicly.

Public Notice

Notice No. MAF: 00001234.jlb

Public Notice Beginning Date: January 10, 2003
Public Notice Ending Date: February 10, 2003

A **National Pollutant Discharge Elimination System (NPDES) Permit Program**

PUBLIC NOTICE/FACT SHEET
of
Draft Reissued NPDES Permit to Discharge into Waters of the State

Public Notice/Fact Sheet Issued By:
B OEP
Division of Water Pollution Control
Permit Section, 1234 Main St.
Springfield, Massachusetts
800-555-1212

Name and Address of Discharger:
Christopher Land, Owner
Controllers, Inc.
4321 Lee Way
Springfield, MA

Name and Address of Facility:
Controllers Inc. Plant
Route 90 Exit 4
Springfield, MA

The Organization of Environmental Protection (OEP) has made a tentative
determination to issue a NPDES Permit to discharge into the waters of the state
and has prepared a draft Permit and associated fact sheet for the above named
discharger. The Public Notice period will begin and end on the dates indicated
in the heading of this Public Notice/Fact Sheet. Interested persons are invited **D**
to submit written comments on the draft Permit to the OEP at the above address.
Persons submitting comments and/or requests for public hearing shall also send a
copy of such comments or requests to the Permit applicant.

C The application, engineer's review notes including load limit calculations, Public
Notice/Fact Sheet, draft Permit, comments received, and other documents are
available for inspection and may be copied at the OEP between 9:30 a.m. and 3:30
p.m. Monday through Friday when scheduled by the interested person.

E For further information, please call Clark Pucci at 800-555-1212.

Reading a Web Page

If you need information for a report, project, or hobby, the World Wide Web can probably help you. The tips below will help you understand the Web pages you read. Look at the sample Web page on the right as you read each of the strategies.

A Notice the page's **Web address,** or URL. You might want to write it down so you can return to the page later.

B Look for **menu bars** along the top, bottom, or side of the page. These guide you to other parts of the site that may be useful.

C Look for **links** to other parts of the site or to related pages. Links are often highlighted in color or underlined.

D Use a **search feature** to quickly find out whether the information you want to locate appears anywhere on the site.

E Many sites have a link that allows you to **contact** the creators with questions or feedback.

MARK IT UP Read the Web site on the opposite page. Then use the information from the site and the tips above to answer the questions.

1. Circle the Web address of this site.

2. Put a check mark by the link you would click to learn more about El Salvador.

3. What is the subject of the feature article?

_____

4. Which article provides information about the difficulties of adjusting to multicultural living?

_____

5. If you needed help using this site, which link would you click on?

_____

6. ASSESSMENT PRACTICE Circle the letter of the correct answer.
   How can you get a daily *Orbe News* update?
   A. Click on Sign Me Up
   B. Click on EMAIL
   C. Click on News Summary
   D. Watch the news on TV at 11 p.m.

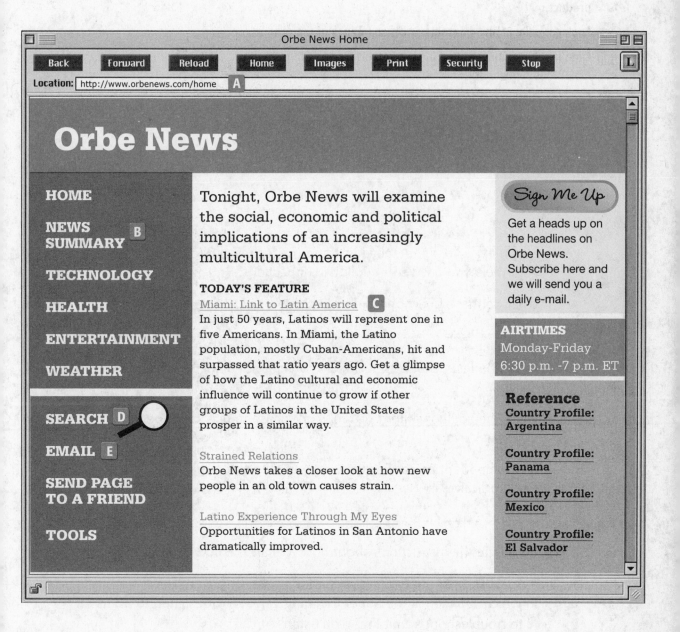

Orbe News Home

Back | Forward | Reload | Home | Images | Print | Security | Stop

L

Location: http://www.orbenews.com/home **A**

Orbe News

HOME

NEWS SUMMARY **B**

TECHNOLOGY

HEALTH

ENTERTAINMENT

WEATHER

SEARCH **D**

EMAIL **E**

SEND PAGE TO A FRIEND

TOOLS

Tonight, Orbe News will examine the social, economic and political implications of an increasingly multicultural America.

TODAY'S FEATURE

Miami: Link to Latin America **C**

In just 50 years, Latinos will represent one in five Americans. In Miami, the Latino population, mostly Cuban-Americans, hit and surpassed that ratio years ago. Get a glimpse of how the Latino cultural and economic influence will continue to grow if other groups of Latinos in the United States prosper in a similar way.

Strained Relations

Orbe News takes a closer look at how new people in an old town causes strain.

Latino Experience Through My Eyes

Opportunities for Latinos in San Antonio have dramatically improved.

Sign Me Up

Get a heads up on the headlines on Orbe News. Subscribe here and we will send you a daily e-mail.

AIRTIMES
Monday-Friday
6:30 p.m. -7 p.m. ET

Reference
Country Profile:
Argentina

Country Profile:
Panama

Country Profile:
Mexico

Country Profile:
El Salvador

Reading Technical Directions

Reading technical directions will help you understand how to use the products you buy. Use the following tips to help you read a variety of technical directions.

A Scan the **title** and any other important **headings** to understand what topic is being explained.

B **Read all the directions** carefully at least once before using the product.

C Look carefully at any **diagrams** or **other images** of the product.

D Note **labels** or **captions** that identify important parts of the diagram or image.

E Look for **numbers** or **letters** that give the sequence of steps to follow.

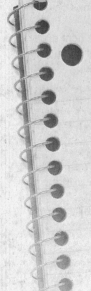

||MARK IT UP⟩ Use the above tips and the technical directions on the next page to help you answer the following questions.

1. What do these directions explain?

_____

2. Circle the instructions for locating the Super Cleaning Valve on the Insect Trapper.

3. Circle the additional item you must purchase to use the Super Cleaning Valve.

4. What important precautions should you take before using the Super Cleaning Valve?

_____

5. Underline the instructions about how to start the flow of CO_2.

6. ASSESSMENT PRACTICE Circle the letter of the correct answer.
In which situation is the Super Cleaning Valve NOT designed to be used?
A. to troubleshoot a unit that won't start
B. when a "Gas Empty" fault code has occurred
C. to clear out fuel line contaminants before storing
D. without the L-shaped adaptor

A Super Cleaning Valve

Super Cleaning Valve has been installed to clear out propane contaminants in the fuel line which may block the flow of propane from the tank to your Insect Trapper. Refer to Figure B for valve location on your Insect Trapper.

Recommended for use every two tank changes. The valve should be used when "Gas Empty" signal is present, when unit won't start, and before seasonal storage to avoid build up of contaminants during off-season.

The Super Cleaning Valve should be used with the L-shaped adaptor included with your Insect Trapper and a 12 gram threaded CO_2 cylinder (*Fig. A*) available at any bicycle shop.

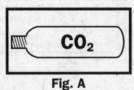

Fig. A

Important: *Extinguish all smoking materials before using Super Cleaning Valve. Use of protective glasses is recommended.*

B Instructions for Use

E 1. Shut off flow of gas from propane tank.

2. Turn off power on Insect Trapper unit.

3. Remove cap from Super Cleaning Valve on your unit (*Fig. B*).

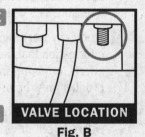

VALVE LOCATION

Fig. B

4. Hand-screw L-shaped adaptor on to Super Cleaning Valve, until tight.

5. Hand-screw CO_2 cylinder into L-shaped adaptor.

6. Unscrew CO_2 cylinder 1/4 of a turn. Flow of CO_2 will begin, lasting 5 minutes.

7. Replace valve cap and proceed with normal start up per instructions in your Insect Trapper manual.

Reading Product Information: Directions for Use

Companies are required by law to offer instructions and warnings about the safe use of their products. Learning to read and follow product guidelines is important for your safety. Look at the sample product information as you read the strategies below.

A Scan **headings** to understand what information about the product is included.

B Read information on the **purpose** or **uses** of the product.

C Look closely at **directions** and **recommendations** to ensure safe use of the product.

D Study any **warnings** or other highlighted information that describe specific dangers, side effects, or important conditions under which the product must be used.

E Look for **contact information** that tells you where to call or write if you have a question about the product.

BUG*Gone* **B**
Kills ants, roaches, crickets, silverfish, and spiders in the home on contact.

A Active Ingredients:

Permethrin 0.2%	Piperonyl butoxide 0.5%
Pyrethrins 0.2%	Inert ingredients 99.1%

Directions for Use: Shake well before each use. Hold container upright. Do not spray up into air. Apply to surfaces only. Spray until surfaces are wet. Avoid excessive wetting of asphalt, tile, rubber, and plastic. Reapply as necessary. **C**

Storage: Store away from heat or open flames, in an area inaccessible to children.

Disposal: This container can be recycled. Before recycling, empty can completely. DO NOT PUNCTURE. If recycling is not available, replace cap, wrap in newspaper, and discard in trash.

PRECAUTIONARY STATEMENTS:

CAUTION: Harmful if swallowed or absorbed through the skin. Avoid breathing spray mist and contact with hands or clothing. Wash hands after use. **If swallowed:** DO NOT INDUCE VOMITING. Contact a physician or Poison Control Center immediately. **If in eyes:** Flush with plenty of water. **If on skin:** Wash promptly with soap and water. **If inhaled:** Remove victim to fresh air. Apply artificial respiration if indicated. **D**

NOTE TO PHYSICIANS: Product contains petroleum distillate (aspiration hazard).

FLAMMABLE: CONTENTS UNDER PRESSURE. Keep away from heat, sparks, open flame, or pilot lights. Do not puncture or incinerate container. Exposure to temperatures above 130 °F may cause bursting.

Questions? Comments? **E**
Call 800-555-1212

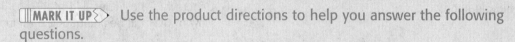 **MARK IT UP** Use the product directions to help you answer the following questions.

1. Underline the instructions to follow if the product is inhaled.

2. Circle the directions about storing the product.

3. What should you do after using the product?

_____

4. Why should the container not be punctured?

_____

5. ASSESSMENT PRACTICE Circle the letter of the correct answer.
Why would someone purchase this product?
A. to eliminate insects in the garden
B. to kill various household insects
C. to reverse the damage done by termites
D. to protect house plants from infestation

Reading a Recreation Schedule

Knowing how to read a recreation schedule can help you plan events and organize your time wisely. Look at the example as you read each strategy on this list.

A Look at the **title** and other **headings** to know what the schedule covers.

B Identify **labels** that show **dates** or **days of the week** to help you understand how the daily or weekly schedule works.

C Look for **expressions of time** to know what hours or minutes are listed on the schedule.

D Look for specific **locations** or **activities**.

E Look for **changes** or **exceptions** to the regular schedule.

A CO-REC SCHEDULE: September 2–June 6			**E**
Note: This schedule is subject to change without notice.			
Day/Area	**M, W, F** **B**	**Tu, Th, Sa**	**Sun**
Main gym	9:00 AM–4:00 PM	10:00 AM–6:00 PM	Noon–7:00 PM
Softball field	Closed	4:00 AM–7:00 PM	Noon–6:00 PM
Student fitness center **D**	6:30 AM–11:00 PM	6:30 AM–11:00 PM	9:00 AM–8:00 PM
Tennis center	3:00 PM–9:00 PM	1:00 PM–7:00 PM	9:00 PM–1:00 PM
Lap pool	Noon–1:30 PM; **C** 7:00 AM–9:00 PM	Noon–1:30 PM; 7:00 AM–9:00 PM	Noon–4:00 PM

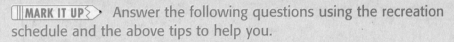 **MARK IT UP** Answer the following questions using the recreation schedule and the above tips to help you.

1. Circle the period of time that is covered by this schedule.

2. At how many different locations are activities scheduled?

_____

3. If you want to play softball, on what days can you use the field?

_____

4. ASSESSMENT PRACTICE Circle the letter of the correct answer. If you work until 4:00 PM on Sundays, what facilities can you use afterwards to help you unwind?

   A. student fitness center

   B. student fitness center, main gym

   C. student fitness center, main gym, softball field

   D. student fitness center, main gym, softball field, lap pool

Test Preparation Strategies

In this section you'll find strategies and practice to help you with many different kinds of standardized tests. The strategies apply to questions based on long and short readings, as well as questions about charts, graphs, and product labels. You'll also find examples and practice for revising-and-editing tests and writing tests. Applying the strategies to the practice materials and thinking through the answers will help you succeed in many formal testing situations.

Test Preparation Strategies

You can prepare for tests in several ways. First, study and understand the content that will be on the test. Second, learn as many test-taking techniques as you can. These techniques will help you better understand the questions and how to answer them. Following are some general suggestions for preparing for and taking tests. Starting on page 200, you'll find more detailed suggestions and test-taking practice.

Successful Test Taking

 Study Content Throughout the Year

1. **Master the content of your class.** The best way to study for tests is to read, understand, and review the content of your class. Read your daily assignments carefully. Study the notes that you have taken in class. Participate in class discussions. Work with classmates in small groups to help one another learn. You might trade writing assignments and comment on your classmates' work.

2. **Use your textbook for practice.** Your textbook includes many different types of questions. Some may ask you to talk about a story you just read. Others may ask you to figure out what's wrong with a sentence or how to make a paragraph sound better. Try answering these questions out loud and in writing. This type of practice can make taking a test much easier.

3. **Learn how to understand the information in charts, maps, and graphic organizers.** One type of test question may ask you to look at a graphic organizer, such as a spider map, and explain something about the information you see there. Another type of question may ask you to look at a map to find a particular place. You'll find charts, maps, and graphic organizers to study in your textbook. You'll also find charts, maps, and graphs in your science, mathematics, literature, and social studies textbooks. When you look at these, ask yourself, What information is being presented and why is it important?

4. **Practice taking tests.** Use copies of tests you have taken in the past or in other classes for practice. Every test has a time limit, so set a timer for 15 or 20 minutes and then begin your practice. Try to finish the test in the time you've given yourself.

☑ **Reading Check** In what practical way can your textbook help you prepare for a test?

5. **Talk about test-taking experiences.** After you've taken a classroom test or quiz, talk about it with your teacher and classmates. Which types of questions were the hardest to understand? What made them difficult? Which questions seemed easiest, and why? When you share test-taking techniques with your classmates, everyone can become a successful test taker.

 Use Strategies During the Test

1. **Read the directions carefully.** You can't be a successful test taker unless you know exactly what you are expected to do. Look for key words and phrases, such as *circle the best answer, write a paragraph,* or *choose the word that best completes each sentence.*

2. **Learn how to read test questions.** Test questions can sometimes be difficult to figure out. They may include unfamiliar language or be written in an unfamiliar way. Try rephrasing the question in a simpler way using words you understand. Always ask yourself, What type of information does this question want me to provide?

3. **Pay special attention when using a separate answer sheet.** If you accidentally skip a line on an answer sheet, all the rest of your answers may be wrong! Try one or more of the following techniques:

   • Use a ruler on the answer sheet to make sure you are placing your answers on the correct line.

   • After every five answers, check to make sure you're on the right line.

   • Each time you turn a page of the test booklet, check to make sure the number of the question is the same as the number of the answer line on the answer sheet.

   • If the answer sheet has circles, fill them in neatly. A stray pencil mark might cause the scoring machine to count the answer as incorrect.

4. **If you're not sure of the answer,** make your best guess. Unless you've been told that there is a penalty for guessing, choose the answer that you think is likeliest to be correct.

5. **Keep track of the time.** Answering all the questions on a test usually results in a better score. That's why finishing the test is important. Keep track of the time you have left. At the beginning of the test, figure out how many questions you will have to answer by the halfway point in order to finish in the time given.

☑ **Reading Check** What are at least two good ways to avoid skipping lines on an answer sheet?

Understand Types of Test Questions

Most tests include two types of questions: multiple choice and open-ended. Specific strategies will help you understand and correctly answer each type of question.

A **multiple-choice question** has two parts. The first part is the question itself, called the stem. The second part is a series of possible answers. Usually four possible answers are provided, and only one of them is correct. Your task is to choose the correct answer. Here are some strategies to help you do just that.

1. Read and think about each question carefully before looking at the possible answers.

2. Pay close attention to key words in the question. For example, look for the word *not*, as in "Which of the following is NOT a cause of the conflict in this story?"

3. Read and think about all of the possible answers before making your choice.

4. Reduce the number of choices by eliminating any answers you know are incorrect. Then, think about why some of the remaining choices might also be incorrect.

   • If two of the choices are pretty much the same, both are probably wrong.

   • Answers that contain any of the following words are usually incorrect: *always, never, none, all,* and *only.*

5. If you're still unsure about an answer, see if any of the following applies:

   • When one choice is longer and more detailed than the others, it is often the correct answer.

   • When a choice repeats a word that is in the question, it may be the correct answer.

   • When two choices are direct opposites, one of them is likely the correct answer.

   • When one choice includes one or more of the other choices, it is often the correct answer.

   • When a choice includes the word *some* or *often*, it may be the correct answer.

   • If one of the choices is *All of the above*, make sure that at least two of the other choices seem correct.

   • If one of the choices is *None of the above*, make sure that none of the other choices seems correct.

☑ **Reading Check** What words in a multiple-choice question probably signal a wrong answer?

An **open-ended test item** can take many forms. It might ask you to write a word or phrase to complete a sentence. You might be asked to create a chart, draw a map, or fill in a graphic organizer. Sometimes, you will be asked to write one or more paragraphs in response to a writing prompt. Use the following strategies when reading and answering open-ended items:

1. If the item includes directions, read them carefully. Take note of any steps required.

2. Look for key words and phrases in the item as you plan how you will respond. Does the item ask you to identify a cause-and-effect relationship or to compare and contrast two or more things? Are you supposed to provide a sequence of events or make a generalization? Does the item ask you to write an essay in which you state your point of view and then try to persuade others that your view is correct?

3. If you're going to be writing a paragraph or more, plan your answer. Jot down notes and a brief outline of what you want to say before you begin writing.

4. Focus your answer. Don't include everything you can think of, but be sure to include everything the item asks for.

5. If you're creating a chart or drawing a map, make sure your work is as clear as possible.

☑ **Reading Check** What are at least three key strategies for answering an open-ended question?

READING STRATEGIES
FOR ASSESSMENT

Notice the setting. Circle the
words that tell you where the
story takes place. Is there more
than one setting?

Reading Test Model
LONG SELECTIONS

DIRECTIONS Read the following retelling of an Aztec
legend. The notes in the side columns will help you
prepare for the types of questions that are likely to
follow a reading like this. You might want to preview
the questions on pages 204 and 205 before you begin
reading.

How the Lord of the Winds Brought Music to the Earth

At the beginning of time, Earth was given
life by two powerful gods: Tezcatlipoca, called
Smoking Mirror, and Quetzalcoatl, the serpent
god called Lord of the Winds. Earth was filled
with dazzling colors and wondrous forms of
life. Sadly, however, Earth had no music. No
birdsong filled the morning air. No streams
murmured in the hills. No wolves' howls
serenaded the midnight moon.

Music existed only in one place—the
Palace of the Sun. High above Earth, the Sun's
musicians played beautiful melodies day
and night. Smoking Mirror was jealous of the
Sun's music and vowed to find a way to bring
music to Earth.

One day, Smoking Mirror drew in a deep
breath and, raising his voice, called mightily
for Quetzalcoatl. He called to him in the
rolling hills and the tall mountains. He called
to him in the flat plains and the low valleys.
He called to him in the winding rivers and the
deep oceans.

Hearing Smoking Mirror's call, Quetzalcoatl slowly opened his eyes, unwound his serpent coils, and headed toward his friend's voice.

"You'll wake the dead!" the Lord of the Winds thundered when he found Smoking Mirror. "What can possibly be so important that you disturb my pleasant slumber?"

"Look around you," Smoking Mirror demanded. "See the rainbows dancing in the waterfalls? The brightly painted birds streaking across the sky? Feel the warm soil beneath you? Now, inhale deeply and savor the scents of a thousand wildflowers. Earth is truly a paradise, except for…"

"Except for what?" Quetzalcoatl shouted, his patience wearing thin.

"Earth has no music," Smoking Mirror noted sadly. "You must help me, friend, to bring joyful sounds to this place we created."

"And how exactly do you propose I do that?" Quetzalcoatl inquired.

"Why, you must go to the Palace of the Sun and gather up the Sun's musicians. Carry them back with you. They alone can bring music to Earth," Smoking Mirror said.

The Lord of the Winds sighed and addressed Smoking Mirror. "You know as well as I that the Sun's musicians have pledged to serve him faithfully. They will never consider leaving him to come to Earth."

Smoking Mirror knew that the Lord of the Winds spoke the truth about the Sun's

Understand the purpose. Why did the Aztecs pass this legend down through the generations? What were they trying to explain?

Pay attention to character and relationships. What kind of god is Smoking Mirror? What kind of god is Quetzalcoatl? How would you describe their relationship?

Identify the climax. The climax
is the most important moment
or emotional high point of a
story.

musicians. At the same time, the Lord of the
Winds knew that Smoking Mirror spoke the
truth about the need for music on Earth. So
Quetzalcoatl began his journey to the heavens,
thinking as he went about how to get the
Sun's musicians to join him on Earth.

Looking out from his palace, the Sun
spied the Lord of the Winds as he made his
way up through the sky. Quickly, he gathered
his musicians around him and told them they
must cease their music immediately lest the
Lord of the Winds hear them and carry them
away to Earth. Earth, he reminded them, was
a terribly dark and silent place.

Quetzalcoatl heard the music stop as
he approached the Palace of the Sun. The
musicians turned away from him, hiding their
instruments. That is when Quetzalcoatl put
his plan into action. Using his powers as Lord
of the Winds, he summoned storm clouds
dark as coal to obscure the brightness of the
Sun. Then, Quetzalcoatl brought forth his own
light. The musicians, terrified by the darkness
of the storm clouds, saw Quetzalcoatl's light
and thought it was the Sun. Relieved, they ran
toward it. Quetzalcoatl gently wound his coils
around the musicians and floated them down
with him to Earth.

As soon as the musicians saw Smoking
Mirror, they realized the Lord of the Winds
had tricked them. They looked fearfully
around at Earth, but they were quite surprised

by what they saw. The terrible, dark place the Sun had told them about wasn't terrible at all. Earth was a colorful place, filled with exotic plants and animals. Best of all, the Sun caressed Earth with its warmth and brightness.

At the urging of Smoking Mirror and Quetzalcoatl, the musicians began travelling throughout Earth. Everywhere they went, they brought the beauty of their music with them. The birds began to greet the dawn with a thousand different songs. The brooks and streams whispered to each other. The wind whistled through the branches of the trees. And the wolves threw back their heads and howled joyfully at the beaming moon. Thanks to the Lord of the Winds, Earth would never again be without music.

Use context clues. Think about what is going on in the last part of this paragraph. What do you think the word *caressed* means?

Notice supporting details. Which details show you that music has been brought to Earth?

ANSWER STRATEGIES

Notice the setting. The setting describes the place or places where the major action of the story takes place. Which answer choice fits that description?

1 Which of the following best describe the setting of the story?

- **A.** Earth and the Palace of the Sun
- **B.** rolling hills and tall mountains
- **C.** winding rivers and deep oceans
- **D.** Earth and the sky

Think about purpose. Choose the answer that applies to the *entire* legend.

2 What is the purpose of this legend?

- **A.** to describe Earth before it had music
- **B.** to persuade Quetzalcoatl that Earth needed music
- **C.** to explain how Earth acquired music
- **D.** to inform the reader about the relationship between the Lord of the Winds and Smoking Mirror

Identify the climax. The climax is a dramatic event that affects the entire story. Which answer choice has the most dramatic effect on the story being told?

3 Which of the following best describes the climax of the legend?

- **A.** Quetzalcoatl agreeing to travel to the Palace of the Sun
- **B.** Quetzalcoatl producing a terrible storm and carrying the musicians back to Earth
- **C.** the Sun commanding his musicians to stop playing music
- **D.** Smoking Mirror demanding that Quetzalcoatl bring music to Earth

4 Which of the following is the best definition of *caress*?

A. damaged

B. scorched

C. parched

D. embraced

Use context clues. The sentence in which *caressed* is used begins, "Best of all…." Which answer choice suggests a positive definition?

5 Which of the following details does NOT show that music has been brought to Earth?

A. the wolves howl

B. the birds sing

C. the musicians travel

D. the wind whistles

Evaluate supporting details. All four answer choices occur in the concluding paragraph. Which one does not directly refer to making music?

6 Describe the personalities of Smoking Mirror and Quetzalcoatl and the kind of relationship they have.

Plan your response. What three things does the question ask you to describe?

Sample short response for question 6:

Smoking Mirror is a god who knows what he wants and how to get it. When he wants to speak with Quetzalcoatl, he calls "mightily" to every corner of the earth. When he has got Quetzalcoatl's attention, he doesn't just ask him to look around, he "demands" it. At the same time, he shows his softer side by noting "sadly" that Earth has no music. Quetzalcoatl is also a forceful god. He "thunders" at Smoking Mirror for disturbing his sleep and lectures him about the faithfulness of the Sun's musicians. Like Smoking Mirror, however, Quetzalcoatl also has a softer side, which he shows by agreeing to try to bring music to Earth. Both of these gods express great frustration with one another, yet in the end they respect one another enough to work together toward a common goal.

Study the response. This is a strong response because the writer follows the organization expressed in the question and also because the writer quotes from the legend to support his observations.

Answers:
1.A, 2.C, 3.B, 4.D, 5.C

Reading Test Practice
LONG SELECTIONS

DIRECTIONS Now it's time to practice what you've learned about reading test items and choosing the best answers. Read the following selection, "Ruins in the Mist." Use the side column to make notes about the important parts of this selection: important ideas, comparisons and contrasts, difficult vocabulary, interesting details, and so on.

Ruins in the Mist

High in the Andes Mountains of Peru, at an elevation of nearly 8,000 feet, shrouded in mist and clouds, lie the remarkably well-preserved and mysterious ruins of Machu Picchu. For nearly a century, archeologists and historians have studied the ruins, attempting to discover their origin and purpose. Machu Picchu, however, has not given up its secrets easily.

Adventure in the Andes The discovery of Machu Picchu in 1911 by a historian from Yale University is an adventure story worthy of the exploits of the fictional explorer Indiana Jones. Hiram Bingham taught Latin-American history at Yale, where he served on the history faculty from 1909 until 1924. In July of 1911, Bingham led an archeological team from Yale on an expedition to Peru. The goal of the expedition was to find the site of a city called Vilcabamba, known in archeological lore as the "Lost City of the Incas." Vilcabamba was a secret fortress in the Andes Mountains, which the Inca had used as a stronghold during their rebellion against the Spanish *conquistadores* during the 16th century.

Bingham's team was seeking an elusive goal—not even the Spanish had ever discovered the location of Vilcabamba. Bingham was up to the task, however. He had learned mountain-climbing skills from his father, a Pacific missionary, and he tackled the Andes with courage and determination. The Yale team visited a number of Inca sites, but it was not until July 24 that they hit pay dirt. On that day, Melchor Arteaga, a resident of the Urubamba River valley, led Bingham to the site of spectacular Inca ruins called Machu Picchu. The ruins sat between two tall peaks—Machu Picchu (Old Peak) and Huayna Picchu (New Peak)—and they were in astonishingly good shape.

In 1912, Yale University and the National Geographic Society sponsored a Bingham-led excavation of Machu Picchu. The evidence he collected during that trip and another in 1915 convinced Bingham that he had indeed found Vilcabamba. Today, Bingham's claim is disputed. Another site Bingham discovered, Espíritu Pampa, is now thought to be the true Lost City of the Incas. So what exactly had Bingham discovered at Machu Picchu?

The City in the Clouds Additional excavations and discoveries have identified Machu Picchu as one of a series of structures along the Inca foot highway that wound its way through the Andes. Some of these structures were fortified strongholds, others were inns for travelers, and still others were signal towers. Machu Picchu, however, seems to be none of these. The way the city is laid out and the types of buildings found there suggest that it may have been a ceremonial city or an extensive palace complex for an Inca ruler.

Machu Picchu is a city of about five square miles. The buildings likely were constructed during the mid-15th century and occupied for about a century. They include palaces, temples, baths, storage facilities, and nearly 150 houses. In addition, the site includes plazas, a cemetery, and stepped terraces for growing food which were irrigated by a system of aqueducts. At the southeastern end of the city is its only formal entrance, which leads to the Inca highway.

Near the Main Plaza is a remarkable feature called the Intihuatana, or Hitching Post of the Sun. This ceremonial sundial is positioned to indicate important astronomical events and suggests that one of Machu Picchu's purposes may have been as an astronomical observatory.

A City Reborn Machu Picchu is believed to have been abandoned some time after the Spanish conquest of Cuzco in 1533. By this time the supply lines between the major Inca social centers had been interrupted by the rebellion against Spain, and the Inca empire crumbled.

Today, however, Machu Picchu is bustling again—this time with tourists. The ruins are the most lucrative tourist attraction in all of Peru. Some visitors arrive by railroad and bus, a trip that can be made in a day. Other travelers prefer to hike the ancient Inca highway. Although this trip can take as long as six days, hikers get the thrill of climbing up thousands of stone-cut steps, past high retaining walls, and through tunnels, all examples of Inca engineering skill. Although its original purpose may never be discovered, Machu Picchu has been discovered by tourists from around the world. In 1983, UNESCO honored the skill and daring of Machu Picchu's founders and builders by declaring the ruins a World Heritage site.

Now answer questions 1–6. Base your answers on the selection, "Ruins in the Mist."

1 What is the author's purpose for writing about Machu Picchu?

A. to persuade the reader that Machu Picchu is the most mysterious of Peru's ancient ruins

B. to describe the discovery of Machu Picchu and the structures it contains

C. to explain why Machu Picchu is Peru's most lucrative tourist attraction in Peru

D. to inform readers about the exploits of Hiram Bingham

2 Read this sentence from the selection:

Bingham's team was seeking an elusive goal—not even the Spanish had ever discovered the location of Vilcabamba.

Which of the following is the best definition for *elusive*?

A. difficult to pin down

B. easy to understand

C. simple to find

D. effortless to achieve

3 Which of the following best describes Machu Picchu?

A. fortress

B. signal tower

C. inn for travelers

D. ceremonial city or palace complex

4 Which of the following is NOT found at Machu Picchu?

A. palaces

B. plazas

C. ball courts

D. temples

5 What is the main idea of the section titled "A City Reborn"?

A. Historians don't understand the purpose of Machu Picchu.

B. Machu Picchu was abandoned after the rebellion against Spain.

C. Machu Picchu has become a popular destination for tourists.

D. Machu Picchu is now a UNESCO World Heritage site.

6 Why was Hiram Bingham especially qualified to lead the Yale expedition to find the Lost City of the Incas?

THINKING IT THROUGH

The notes in the side columns will help you think through your answers. See the answer key at the bottom of the next page. How well did you do?

Remember that the author's purpose relates to the entire piece of writing, not to just one paragraph or section.

1 What is the author's purpose for writing about Machu Picchu?

A. to persuade the reader that Machu Picchu is the most mysterious of Peru's ancient ruins

B. to describe the discovery of Machu Picchu and the structures it contains

C. to explain why Machu Picchu is Peru's most lucrative tourist attraction in Peru

D. to inform readers about the exploits of Hiram Bingham

Three of the answer choices begin with words that suggest "ease," even though the sentence quoted ends by suggesting "difficult."

2 Read this sentence from the selection:

> Bingham's team was seeking an elusive goal—not even the Spanish had ever discovered the location of Vilcabamba.

Which of the following is the best definition for *elusive*?

A. difficult to pin down

B. easy to understand

C. simple to find

D. effortless to achieve

Reread the first paragraph of the section "City in the Clouds." Which answer choices does the writer dismiss as unlikely?

3 Which of the following best describes Machu Picchu?

A. fortress

B. signal tower

C. inn for travelers

D. ceremonial city or palace complex

4 Which of the following is NOT found at Machu Picchu?

   A. palaces

   B. plazas

   C. ball courts

   D. temples

> The key word in the question is *NOT*. Look for the answer choice that does not appear in the article.

5 What is the main idea of the section titled "A City Reborn"?

   A. Historians don't understand the purpose of Machu Picchu.

   B. Machu Picchu was abandoned after the rebellion against Spain.

   C. Machu Picchu has become a popular destination for tourists.

   D. Machu Picchu is now a UNESCO World Heritage site.

> The correct answer here is the one that describes the entire section, not just one or two sentences.

6 Why was Hiram Bingham especially qualified to lead the Yale expedition to find the Lost City of the Incas?

Hiram Bingham was a professor of history at Yale University. His specialty was Latin-American history, and Peru is part of Latin America. Although exploring the Andes Mountains is difficult, Bingham was an experienced mountain climber, having learned the skill from his father. Finally, the article describes Bingham as courageous and determined. All of these qualities made Bingham especially qualified to lead the expedition to Peru.

> This response received a top score because it
> • stays focussed on the question.
> • includes details from the article.
> • ends with a sentence that echoes the question.

Answers:
1. B, 2. A, 3. D, 4. C, 5. C

Reading Test Model
SHORT SELECTIONS

DIRECTIONS The strategies you have just learned can also help you with this shorter selection about the Chilean poet Gabriela Mistral. As you read the selection, respond to the notes in the side column.

When you've finished reading, answer the multiple-choice questions. Use the side-column notes to help you understand what each question is asking and why each answer is correct.

Passionate Poet

In 1945, a Chilean educator, diplomat, and poet became the first Latin American to be awarded the Nobel Prize for Literature. Born on April 7, 1889, in the village of Vicuña in northern Chile, Lucila Godoy Alcayaga was of Spanish, Basque, and Indian descent. She grew up with a love for learning and became a schoolteacher at the age of fifteen. Eventually, she rose to the position of college professor.

In 1914, Alcayaga won a Chilean poetry prize for three sonnets titled "Sonetos de la muerte" ("Sonnets of Death"). However, the sonnets did not bear the name Lucila Godoy Alcayaga. Instead, they were signed Gabriela Mistral, a mixture of the names of her two favorite poets, Gabriele D'Annunzio and Frédéric Mistral.

Poetry was not Mistral's only passion. She also served as a Chilean culture minister and diplomat, representing her country in Spain, Portugal, Italy, and France, among other countries.

READING STRATEGIES FOR ASSESSMENT

Note important details. What details expand the topic sentence in this paragraph?

A tragic romance when she was young may be partly responsible for the passion and emotional power of her poetry. The two most prominent themes in Mistral's work are her love for children and her deep feelings for the people of Latin America, especially the disadvantaged. Gabriela Mistral died in Hempstead, New York, on January 10, 1957.

See connections. Which part of Mistral's background might explain her deep feelings for the people of Latin America?

_____

_____

_____

ANSWER STRATEGIES

1. Which of the following best explains the purpose of this biographical sketch?

   A. to persuade the reader that Mistral is the most important writer in Latin American history

   B. to describe Mistral's love of education

   C. to inform the reader about Mistral's life and work

   D. to entertain the reader with stories from Mistral's life

Understand the writer's purpose. Persuading and entertaining are clearly incorrect choices. Of the two remaining choices, which one covers the entire selection?

2. Which of the following was NOT one of Mistral's careers?

   A. elected government official

   B. diplomat

   C. professor

   D. poet

Read details carefully. Did Mistral have a career in government service? Was she ever elected to a government post?

3. Which of the following best explains Mistral's deep feelings for the people of Latin America?

   A. being born in a small village

   B. her career as a diplomat

   C. being of Spanish, Basque, and Indian descent

   D. becoming a schoolteacher at fifteen

Make reasonable assumptions. Which answer choice mentions the variety of people who live in Latin America?

Answers:
1. C, 2. A, 3. C

Read the title. What does the title tell you about the information displayed in these graphs?

_____

_____

_____

Read the key. Which pattern represents the rural population? The urban population?

_____

_____

_____

DIRECTIONS Some test questions ask you to analyze a visual rather than a reading selection. Study the two graphs below and answer the questions that follow.

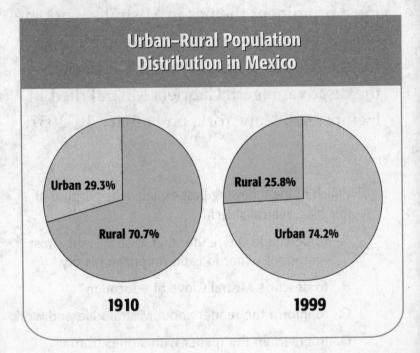

Urban–Rural Population Distribution in Mexico

Urban 29.3%

Rural 70.7%

Rural 25.8%

Urban 74.2%

1910

1999

ANSWER STRATEGIES

> Interpret the question accurately. Are cities urban or rural?

④ What percentage of Mexicans lived in cities in 1999?

    A. 29.3

    B. 74.2

    C. 25.8

    D. 70.7

> Draw conclusions based on the facts. Answer choices A and B contradict the information in the graphs. Why is answer choice D not a logical conclusion?

⑤ Which of the following statements best explains what happened to Mexico's population between 1910 and 1999?

    A. The majority of Mexicans returned to farmlands.

    B. The urban population shrank.

    C. The majority of Mexicans migrated to cities.

    D. Mexico produced less and less food.

Reading Test Practice
SHORT SELECTIONS

DIRECTIONS Use the following to practice your skills. Read the selection carefully. Then answer the multiple-choice questions that follow.

A Musical Legend

On July 17, 2003, a musical legend in the Latino community of the United States took her final bow. Celia Cruz died of cancer after a long musical career that took her from the nightclubs of Havana, Cuba, to the White House, where she received the National Medal of Arts from President Clinton in 1994.

After graduating from high school, Cruz studied to become a literature teacher. Her studies were put on hold when she won an amateur talent show and decided to try her luck at singing. Cruz took voice and musical theory classes at the Havana Conservatory of Music, and in 1950 she began singing with one of Cuba's most popular orchestras, *La Sonora Matancera*. She and the orchestra became fixtures on radio and television and even appeared in five movies.

In 1961, Cruz came to live in the United States. Although she made nearly thirty recordings during the 1960s, she failed to achieve the popularity she had enjoyed in Cuba—until, that is, she discovered the dance music called salsa. Cruz soon became a musical idol to a new generation of Latinos, infusing salsa with new life by adding her own distinctive style. In 1988, the British Broadcasting Company produced a documentary about her life. She appeared in the films *The Mambo Kings* and *The Perez Family* during the 1990s, when she also won a Grammy award for her recording *Ritmo en el corazón*. Cruz was also awarded an honorary doctorate in music from Yale University.

Although Celia Cruz never became the literature teacher she longed to be as a young girl, she nevertheless spent her life teaching lessons to her legions of admiring fans— lessons about determination, living life to the fullest, and believing in yourself and your dreams.

1 What is the main idea of this selection?

A. Celia Cruz won many honors during her lifetime.

B. Celia Cruz found fame and respect as a singer and entertainer.

C. Celia Cruz was a star of Cuban radio and television.

D. Celia Cruz popularized the dance music called salsa.

2 Which of the following best defines the word *infusing*?

A. to add something

B. defining

C. take something away

D. changing

DIRECTIONS Use the chart below to answer the questions that follow.

Comparing Population Growth: Mexico City and Buenos Aires					
	Population (millions)				
	1950	1970	1990	2000	2015 (projected)
Mexico City, Mexico	3.1	9.1	15.1	18.1	19.2
Buenos Aires, Argentina	5.0	8.4	10.6	12.6	14.1

Source: *The New York Times Almanac, 2003*

3 What was the population of Buenos Aires in 1990?

A. 10.6

B. 15.1

C. 8.4

D. 9.1

4 When does the chart show the population of Mexico City exceeding that of Buenos Aires?

A. 2000

B. 1950

C. 1970

D. 1990

5 When does the chart show the population of Mexico City nearly doubling?

A. between 1950 and 1970

B. between 1950 and 1990

C. between 1990 and 2000

D. between 1970 and 2000

THINKING IT THROUGH

The notes in the side column will help you think through your answers. Check the key at the bottom of the next page. How well did you do?

ANSWER STRATEGIES

1 What is the main idea of this selection?

A. Celia Cruz won many honors during her lifetime.

B. Celia Cruz found fame and respect as a singer and entertainer.

C. Celia Cruz was a star of Cuban radio and television.

D. Celia Cruz popularized the dance music called salsa.

> Read the question carefully. It asks for the main idea of the entire selection, not just one paragraph.

2 Which of the following best defines the word *infusing*?

A. to add something

B. defining

C. take something away

D. changing

> If you look at the context of *infusing*, you'll notice a word that appears in one of the answer choices.

3 What was the population of Buenos Aires in 1990?

A. 10.6

B. 15.1

C. 8.4

D. 9.1

> Read down and across carefully to find the correct answer.

Understand that the word *exceeding* is this context means "becoming greater than."

4 When does the chart show the population of Mexico City exceeding that of Buenos Aires?

A. 2000

B. 1950

C. 1970

D. 1990

Look at the figures in the chart for the years listed in each answer choice and do the math. In which answer choice is the figure for the second year nearly twice that of the first year?

5 When does the chart show the population of Mexico City nearly doubling?

A. between 1950 and 1970

B. between 1950 and 1990

C. between 1990 and 2000

D. between 1970 and 2000

Answers:
1. B, 2. A, 3. A, 4. C, 5. D

Functional Reading Test Model

DIRECTIONS Study the following information from the back of a bottle of Sof-Ray Sunscreen Lotion. Then answer the questions that follow.

Excessive exposure to the sun's rays can lead to premature aging of the skin, other signs of skin damage, and some forms of skin cancer. Regular use of Sof-Ray Sunscreen Lotion according to the following directions may reduce the effects of overexposure to the sun.

Sof-Ray Sunscreen Lotion is water-resistant, PABA-free, and won't clog pores.

Sof-Ray Sunscreen Lotion is a broad-spectrum sunscreen for use by adults and children 6 months of age and older.

DIRECTIONS: Apply liberally and evenly to the skin thirty minutes before exposure to the sun. Reapply sunscreen after swimming for more than 90 minutes, towel-drying, or perspiring excessively.

The minimum recommended SPF for children under 2 years of age is 15. Consult your physician before using sunscreen on children under 6 months of age.

WARNINGS: This product is for external use only. Do not swallow. If product is accidentally swallowed, seek medical help immediately or contact your local Poison Control Center for instructions. Avoid contact with eyes. Should this product get into the eyes, rinse eyes thoroughly with cold water. Stop using this product if skin becomes irritated or a rash appears. If irritation or rash persists, seek medical assistance. Do not use on children under 6 months of age except on the advice of your physician. Keep this product and all drugs out of the reach of children.

READING STRATEGIES FOR ASSESSMENT

Read the information carefully. Each section contains important information about the use of this product, including what to do if problems occur.

Consider type style. Boldfaced words indicate the type of information that follows.

Claims are typically included with the general information or the "Indications for Use." Which answer choice appears in neither place?

1 Which of the following claims is NOT made for Sof-Ray Sunscreen Lotion?

A. lasts all day

B. PABA-free

C. won't clog pores

D. water-resistant

Read the "Warnings" carefully to discover what to do when problems occur.

2 What should you do if the sunscreen gets into your eyes?

A. Call your physician.

B. Rinse thoroughly with cold water.

C. Contact your Poison Control Center.

D. Stop using the product.

Choice "C" is obviously incorrect. Which of the remaining choices appears in the "Directions?"

3 When should you reapply the sunscreen?

A. every 90 minutes

B. after towel-drying

C. after consulting your physician

D. every 30 minutes

Answers: 1.A, 2.B, 3.B

Functional Reading Test Practice

DIRECTIONS Study the following nutritional label for blue corn tortilla chips. Circle the information that you think is the most important. Then answer the multiple-choice questions that follow.

Nutrition Facts		
Serving size 1 ounce (28g)		
Servings Per Container 10		

Amount Per Serving		
Calories 130		
Calories from Fat 45		
		% Daily Value*
Total Fat 5g		8%
Saturated Fat 1g		5%

Cholesterol 0mg		0%
Sodium 300mg		12%
Total Carbohydrate 20g		7%
Dietary Fiber 2g		8%
Sugars 0g		
Protein 2g		

Vitamin A 0% • Vitamin C 0%
Calcium 4% • Iron 0%

* Percent Daily Values are based on a 2,000 calorie diet.

1. How many grams of saturated fat does this package of chips have?

   A. 1g

   B. 5g

   C. 10g

   D. 50g

2. How many calories do three servings of chips have?

   A. 390

   B. 135

   C. 1,300

   D. 450

3. The total fat in one serving of chips represents what percent daily value?

   A. 5%

   B. 8%

   C. 45%

   D. 80%

4. How much does one serving of chips weigh in grams?

   A. 1

   B. 10

   C. 20

   D. 28

THINKING IT THROUGH

The notes in the side column will help you think through your answers. Check the answer key at the bottom of the page. How well did you do?

Notice that the question is about the entire package, so you'll have to multiply by the number of servings the package holds to get the correct answer.

1 How many grams of saturated fat does this package of chips have?

   A. 1g

   B. 5g

   C. 10g

   D. 50g

Again, multiplication is the key to find the correct answer.

2 How many calories do three servings of chips have?

   A. 390

   B. 135

   C. 1,300

   D. 450

Read the label carefully to locate the % Daily Value for total fat.

3 The total fat in one serving of chips represents what percent daily value?

   A. 5%

   B. 8%

   C. 45%

   D. 80%

This information is supplied along with "ounces" on the label.

4 How much does one serving of chips weigh in grams?

   A. 1

   B. 10

   C. 20

   D. 28

Answers:
1. C, 2. A, 3. B, 4. D

Revising-and-Editing Test Model

READING STRATEGIES
FOR ASSESSMENT

DIRECTIONS Read the following paragraph carefully. Then answer the multiple-choice questions that follow. After answering the questions, read the material in the side columns to check your answer strategies.

Watch for common errors. Highlight or underline errors such as incorrect punctuation, spelling, or punctuation; fragments or run-on sentences; and missing or misplaced information.

¹The Maya was one of the importantest civilizations in Central America. ²As early as 1500 BC. the Maya lived in villages and they practiced agriculture and they used advanced agricultural techniques, such as irrigation. ³They made paper from the bark of wild fig trees and used this paper to make books filled with hieroglyphic writing. ⁴The Maya also worked gold copper and other metals. ⁵Long before the Spanish arrived, the Maya had calenders and advanced knowledge of astronomy.

ANSWER STRATEGIES

1. Which of the following is the best way to revise the first half of sentence 1?

   A. The Maya were one of the importantest civilizations...

   B. The Maya was one of the most important civilizations...

   C. The maya was one of the most important civilizations...

   D. The Maya were one of the most important civilizations...

Verb agreement and comparisons. *Maya* is plural and requires a plural verb form. The superlative form of the modifier *important* is not formed by adding *-est*.

2. Which sentence in the paragraph is a run-on?

   A. sentence 2

   B. sentence 4

   C. sentence 1

   D. sentence 5

Run-on sentences. Two or more complete thoughts run together with no punctuation is a run-on sentence.

Separating complete thoughts.
Separate the complete thoughts in
a run-on sentence by dividing the
sentence into two sentences. Use a
period and a capital letter.

3. Which of the following is the best way to fix sentence 2?

A. ...the Maya lived in villages, and they practice agriculture, and they used...

B. ...the Maya lived in villages and practiced agriculture. They used...

C. ...the Maya lived in villages and practiced agriculture: they used...

D. ...the Maya lived in villages, they practiced agriculture. They used...

Items in a series. Items in a series
should be separated by commas.
If one or more items in the series
already has a comma, then separate
the items with semicolons.

4. What change, if any, should be made to sentence 4?

A. no change

B. gold, copper and other metals

C. gold, copper, and other metals

D. gold; copper; and other metals

Spelling. Always check to be sure
words are spelled correctly.

5. What change, if any, should be made in sentence 5?

A. Change *calender* to *calendar*.

B. Change *advanced* to *advance*.

C. Change *calender* to *calandar*.

D. no change

Revising-and-Editing Test Practice

DIRECTIONS Read the following paragraph carefully. As you read, circle each error that you find and identify the error in the side column—for example, *misspelled word* or *incorrect punctuation*. When you have finished, circle the letter of the correct choice for each question that follows.

¹The ethnic makeup of Puerto Rico is shaped by immigration to the island. ²When Columbus arrived at the island in 1493. ³There was between 20,000 and 50,000 Taino Indians living there. ⁴Soon, disease and mistreatment by europeans reduced the Indian population greatly. ⁵The Spanish brang a small number of African slaves with them to the island. ⁶During the 19th century, immigrants to the island included the following Chinese, Italians, Germans, Lebanese, Corsicans, Irish, and Scottish.

1 What change, if any, should be made to sentence 1?

   A. Change *immigration* to *emigration*.

   B. Change *is* to *was*.

   C. Change *island* to *Island*.

   D. No change is needed.

2 Sentence 2 is a fragment. Which of the following shows the best way to fix the fragment?

   A. Add it to the end of sentence 1.

   B. Add it to the beginning of sentence 3 with a semicolon after *1493*.

   C. Add it to the beginning of sentence 3 with a comma after *1493*.

   D. Add it to the end of sentence 1 with a comma after *immigration to the island*.

3 What change, if any, should be made to sentence 3?

   A. Change *was* to *were*.

   B. Change *there* to *their*.

   C. Change *between* to *about*.

   D. No change is needed.

4 Which word in sentence 4 is misspelled?

   A. disease

   B. europeans

   C. mistreatment

   D. Indian

5 What change, if any, should be made to sentence 5?

   A. Change *island* to *Island*.

   B. Change *African* to *african*.

   C. Change *brang* to *brought*.

   D. No change is needed.

6 What punctuation is missing in sentence 6?

   A. semicolon after *following*

   B. colon after *following*

   C. comma after *following*

   D. dash after *following*

THINKING IT THROUGH

Use the notes in the side columns to help you understand why some answers are correct and others are not. Check the answer key on the next page. How well did you do?

1 What change, if any, should be made to sentence 1?

- **A.** Change *immigration* to *emigration*.
- **B.** Change *is* to *was*.
- **C.** Change *island* to *Island*.
- **D.** No change is needed.

> Remember that verb tense should be consistent within a paragraph. What tense do the verbs in the rest of the paragraph take?

2 Sentence 2 is a fragment. Which of the following shows the best way to fix the fragment?

- **A.** Add it to the end of sentence 1.
- **B.** Add it to the beginning of sentence 3 with a semicolon after *1493*.
- **C.** Add it to the beginning of sentence 3 with a comma after *1493*.
- **D.** Add it to the end of sentence 1 with a comma after *immigration to the island*.

> Sentence 1 makes no sense if you read it with sentence 2 attached at the end, so two answer choices can be eliminated. Treat the fragment as an introductory clause to sentence 3.

3 What change, if any, should be made to sentence 3?

- **A.** Change *was* to *were*.
- **B.** Change *there* to *their*.
- **C.** Change *between* to *about*.
- **D.** No change is needed.

> Subjects and verbs must agree. That is, a plural subject must have a plural verb. What is the subject of sentence 3? Is it singular or plural?

Remember that proper nouns must be capitalized. Which proper noun is not capitalized in sentence 4?

4 Which word in sentence 4 is misspelled?

   A. disease

   B. europeans

   C. mistreatment

   D. Indian

Irregular verbs form the past tense is many different ways. Which answer choice has to do with a verb?

5 What change, if any, should be made to sentence 5?

   A. Change *island* to *Island.*

   B. Change *African* to *african*.

   C. Change *brang* to *brought*.

   D. No change is needed.

Colons are used to signify that a list follows.

6 What punctuation is missing in sentence 6?

   A. semicolon after *following*

   B. colon after *following*

   C. comma after *following*

   D. dash after *following*

Answers: 1.B, 2.C, 3.A, 4.B, 5.C, 6.B

Writing Test Model

DIRECTIONS Many tests ask you to write an essay in response to a writing prompt. A writing prompt is a brief statement that describes a writing situation. Some writing prompts ask you to explain *what, why,* or *how.* Others ask you to convince someone about something.

As you analyze the following writing prompts, read and respond to the notes in the side columns. Then look at the response to each prompt. The notes in the side columns will help you understand why each response is considered strong.

Prompt A

Because the United States is home to many cultures, it is also home to many cuisines. Think about the ethnic foods you have tasted. Which cuisine do you enjoy the most?

Now write an essay that describes your favorite cuisine. Be specific about the foods you enjoy and list the reasons why.

Strong Response

Midweek at Lincoln Prep offers a special treat. Each Wednesday, the cafeteria features the cuisine of a different culture. I've enjoyed curries from India, satays from Thailand, and falafel from Israel. Pasta from Italy is always a popular choice, as is Japanese tempura and onion soup from France. I have to confess, however, that my favorite dishes can be found south of the Rio Grande in Mexico.

I've been eating Mexican food most of my life, but it wasn't until our family spent two weeks touring Mexico last summer that I discovered how rich and varied Mexican cuisine really is. My favorite

ANALYZING THE PROMPT

Identify the topic. Read the entire prompt carefully. Underline the topic of the essay you will write.

Understand what's expected of you. The second paragraph of the prompt explains what you must do and offers suggestions on how to create a successful response.

ANSWER STRATEGIES

Draw the reader in with an interesting opening paragraph. The writer includes a number of examples to introduce her topic—Mexican food.

Include personal experiences when appropriate. The writer uses a family vacation as the backdrop for discussing Mexican food.

Define unfamiliar terms. The writer includes some Spanish words but is careful to define them for the reader.

breakfast in Mexico City was chilaquiles, a casserole of corn tortillas and a tangy tomato sauce with a fried egg on top. During the afternoon, we'd stop at a taqueria, a taco stand, for a snack of grilled meats and vegetables wrapped in soft flour tortillas and splashed with hot pepper sauce.

When we arrived in the city of Oaxaca in southeastern Mexico, the food took on a different character. One night for dinner we had pieces of tender chicken served in a sauce called mole. Moles come in many different styles, but my favorite is red mole. It's made with chiles, nuts, raisins, spices, and, I was surprised to find out, chopped chocolate! It not only tastes delicious but has an irresistible aroma.

Include vivid descriptions. Sensory details bring the description to life.

The Yucatan peninsula offered more surprises. One night we had a whole red snapper that was baked and topped with chopped tomatoes and green olives. Another evening we sampled pieces of chicken that were wrapped in giant banana leaves and steamed.

Conclude the essay effectively. The writer encourages the reader to sample authentic Mexican food as he and his family did.

Anyone whose idea of Mexican food is limited to what's served in typical American Mexican restaurants should take a trip to Mexico. As my family and I discovered, there's a lot more to Mexican food than sour cream and melted cheese.

Prompt B

Schools regularly test students to see how well they are doing in important subjects like science, math, language arts, and social studies. Teachers have to spend a lot of time preparing students for these tests. This often means that other subjects, such as drama, music, and art, are taught only occasionally or sometimes not at all. How important do you think it is for students to learn about music and art? Are these subjects as important as history and algebra?

Write an editorial for your school or community newspaper in which you talk about the importance of teaching the arts in school. Are you in favor of spending more time on these subjects, or are other classes more important? Be sure your position is clear and that you support your position with convincing reasons.

Strong Response

Two years ago, Jefferson High School dropped its classes in fine arts. The school council said that more class time was needed to prepare students for the Third-Year-Achievement Exams (TYAEs). Clearly, the TYAEs are an important measure of students' progress. However, preparing students to take tests is not our schools' primary mission. Schools must produce well-educated students, and that education must be balanced and well-rounded. The fine arts classes at Jefferson High School should be restored.

ANALYZING THE PROMPT

Identify the topic. The first paragraph offers some background information and introduces the topic you will write about. Restate the topic in your own words.

Know what's expected of you. The second paragraph of the prompt lets you know that you're going to write an editorial in which you take a position and provide arguments to support that position.

ANSWER STRATEGIES

Clearly state your opinion. The writer believes that classes in the arts should be restored.

Address opposing views. Here the writer acknowledges the opinion of people who want to concentrate on the standard curriculum.

Everyone agrees that science, math, language arts, and social studies are important subject areas. To achieve success in life, students must understand the principles of science and mathematics, how the past has shaped the present and will affect the future, and how to read well and express themselves clearly and effectively.

Include effective transitions. The phrase "equally important, however…" signals the reader that the writer, having acknowledged opposing views, will now make his position known.

Equally important, however, is cultural knowledge. Music, for example, is a powerful force in teenagers' lives. Schools should teach students about the history of music, its many forms, and how it differs from one culture to the next. There is so much more to music than just rock and hip-hop.

Develop your argument clearly and convincingly. In this paragraph and the next, the writer explains why learning about music and art is important to a well-rounded education. Notice how the last sentence in each paragraph restates and reinforces each explanation.

The same is true for art. Very early in life, children of all cultures display a desire to express themselves artistically with finger paints and coloring books. As children grow, they should be taught about artistic expression throughout history and cultures—painting, drawing, sculpture, weaving, architecture, and so on. This can't be accomplished with just an occasional field trip to an art museum.

Restate your position in the conclusion. The writer restates her argument in different words and in a way that readers are likely to remember.

It is true that classroom time is limited and that teachers already have a hard time accomplishing everything that state and local school boards demand. Nevertheless, time must be found to incorporate the arts into school curriculums so that graduates will have more to show for their four years in high school than just mastery of the "Three Rs."

Writing Test Practice

DIRECTIONS Read the following writing prompt. Using the strategies you've learned in this section, analyze the prompt, plan your response, and then write an essay explaining your position.

Prompt C

The public library system in your community has decided to install Internet filters on all computers intended for public use. These filters will block Web sites that the library board decides are unsuitable for its patrons.

Think about internet filters. What is the purpose of these filters? How well do they work? What are the benefits and drawbacks of these filters? Then write a letter to the library board expressing your support for internet filters or your objection to them. State your argument clearly, point by point, and provide convincing support for each point you make.

Scoring Rubrics

DIRECTIONS Use the following checklist to see whether you have written a strong persuasive essay. You will have succeeded if you can check nearly all of the items.

The Prompt

☐ My response meets all the requirements stated in the prompt.

☐ I have stated my position clearly and supported it with details.

☐ I have addressed the audience appropriately.

☐ My essay fits the type of writing suggested in the prompt (letter to the editor, article for the school paper, and so on).

Reasons

☐ The reasons I offer really support my position.

☐ My audience will find the reasons convincing.

☐ I have stated my reasons clearly.

☐ I have given at least three reasons.

☐ I have supported my reasons with sufficient facts, examples, quotations, and other details.

☐ I have presented and responded to opposing arguments.

☐ My reasoning is sound. I have avoided faulty logic.

Order and Arrangement

☐ I have included a strong introduction.

☐ I have included a strong conclusion.

☐ The reasons are arranged in a logical order.

Word Choice

☐ The language of my essay is appropriate for my audience.

☐ I have used precise, vivid words and persuasive language.

Fluency

☐ I have used sentences of varying lengths and structures.

☐ I have connected ideas with transitions and other devices.

☐ I have used correct spelling, punctuation, and grammar.

Apuntes

Credits

Acknowledgments *continued from page ii*

Excerpt from *El cartero de Neruda* (Ardiente paciencia) by Antonio Skármeta. © 1986, Antonio Skármeta. Reprinted by permission of Plaza & Janés Editores, S. A.

Excerpt from *Colón agarra viaje a toda costa* by Adela Basch. © 1992, Adela Basch. Reprinted by permission of Santillana Argentina, S. A.

From *Bendíceme, Última* by Rudolfo Anaya. Copyright © Rudolfo Anaya 1972. Spanish translation by Alicia Smithers published by Warner Books in 1992 and in Mexico by Grijalbo. English edition published in hardcover and paperback by Warner Books Inc. 1994; originally published by TQS Publications. Reprinted by permission of Susan Bergholz Literary Services, New York. All rights reserved.

"Canción de otoño en primavera" by Rubén Dario. Copyright © Rubén Dario. Reprinted by permission.

From "La muñeca menor," from *Papeles de Pandora* by Rosario Ferré. Copyright © 1976 by Rosario Ferré. Published in the United States by Vintage Español. First publication in Mexico by Ediciones Joaquin Mortíz. Used by permission of Susan Bergholz Literary Services, New York. All rights reserved.

"Borges y yo" by Jorge Luis Borges. Copyright © 1995 by Jorge Luis Borges. Used with the permission of the Wylie Agency Inc.

"Arte poética" by Jorge Luis Borges. Copyright © 1995 by Jorge Luis Borges. Used with the permission of the Wylie Agency Inc.

Gabriel Garcia Márquez, "Un cuentecillo triste" from the work *Textos Costeños* (1948-1952) by Gabriel Garcia Márquez. © Gabriel Garcia Márquez, 1981. Reprinted by permission of Agencia Literaria Carmen Balcells, S.A.

Illustrations

15, 17 Susan Gal; **22, 24** Enrique Sanchez; **43** *card* McDougal Littell/Houghton Mifflin Co.; **82, 83** Raul Colón/Morgan Gaynin, Inc.; **89, 92** Joe Cepeda.

All other illustrations by McDougal Littell/Houghton Mifflin Co.

Photography

3 *top* Steve Northup/Time Life Pictures/Getty Images; *bottom* "Sin título" (untitled) by Rodolfo Morales. Galeria Arte de Oaxaca.; **4** *both* "Genesis, the Gift of Life" (1954), Miguel Covarrubias, Mexican, 1902–1957 Glass mosaic; Venetian glass technique; Overall: 144 x 720 in. (365.76 x 1828.8 cm.) Dallas Museum of Art. City of Dallas, Gift of Peter and Waldo Stewart and the Stewart Company, 1992; **8** James Leynse/Royalty-Free/Corbis; **9** Miramax Films; **10** Celio Pedrosa/McDougal Littell/Houghton Mifflin Co.; **15** Courtesy of Roberto G. Fernández; **22** Eric Gay/AP Images; **29** Courtesy of Carlos Balaguer; **30** "El barbero" (2003), Domingo García Criada. Oil on Canvas, 16" x 20". Courtesy of Arte Maya Tz'utuhil, San Francisco.; **31** top "Desalojados en la finca" (Evicted from the Plantation) (2004), Mario González Chavajay; Oil on canvas, 13" x 15". Courtesy of Arte Maya Tz'utuhil, San Francisco.; *bottom* Jenny Tylden-Wright/Getty Images; **35** *top* age fotostock/SuperStock; *bottom* Justin Kerr; **36, 37** *all* Justin Kerr; **41** *top* Paco Torrente/Agencia EFE; *bottom* "Retrata de una mujer", María Antonia Ordóñez. Courtesy of Galería Fosil Arte, Puerto Rico.; **43** Rob & Sas/Corbis; **47** Random House/Agencia EFE; **48** Angelo Cavalli/age fotostock; **49** Giraud Philippe/Corbis; **51** *passports* Guy Jarvis/School Division/Houghton Mifflin Co.; **55** *top* ©2003 Dave Feiling Photography; *bottom* Artville; **56** *third from top* PhotoDisc/Getty Images; *the rest* Digital Vision/Getty Images; **57** Artville; **61** *top* Courtesy: Museo Ricardo Palma en Miraflores, Lima, Peru; *bottom* Mireille Vautier/Museo Pedro de Osma, Lima/The Art Archive; **62** *all* Photo Objects/Jupiterimages Corporation; **63** *top* Bildarchiv Preussischer Kulturbesitz/Art Resource, New York; *bottom* Bettmann/Corbis; **67** *top* Bernardo Pérez/NewsCom/El País Photos; *bottom* Illustration by Emilio Urberuaga. Courtesy of Alfaguara Press/GrupoSantillana; **68, 69, 70** *all* Illustration by Emilio Urberuaga. Courtesy of

Credits *continued*

Alfaguara Press/GrupoSantillana; **74** The Granger Collection, New York; **75** "El Flautista" (The Flutist) (1955), Remedios Varo. Oil on masonite, 75 x 93 cm. The Art Archive/Museum of Modern Art Mexico/Dagli Orti.; **77** Tia Magallon/Getty Images; **81** R. Grazioli/Corbis Sygma; **90** Jay Penni/McDougal Littell/Houghton Mifflin Co.; **96** Sophie Bassouls/Corbis; **97, 98** *both* Corbis Sygma; **99** Elizabeth Tustian/McDougal Littell/Houghton Mifflin; **104** *top* Courtesy of Adela Basch; *bottom* Museo Naval Madrid/Dagli Orti/The Art Archive; **105** Monastery of the Rabida, Palos, Spain/Dagli Orti/The Art Archive; **106** Allan Penn/McDougal Littell/Houghton Mifflin Co.; **153** Peabody Museum, Harvard University (Photo Number T3312); **155** Giuliana Traverso/Grazia Neri; **159** *clockwise from top* Yann Arthus-Bertrand/Corbis, Breck P. Kent, Jeff Scovil, Vittoriano Rastelli/Corbis, Breck P. Kent; **163** Sophie Bassouls/Corbis Sygma; **171** The Granger Collection, New York; **173** A.J. Copley/Visuals Unlimited, Inc.

All other photos by Lawrence Migdale/PIX/McDougal Littell/Houghton Mifflin Co.